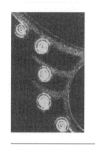

梦觉之间

《庄子》思辨录

陈少明 著

生活·讀書·新知 三联书店

Copyright © 2021 by SDX Joint Publishing Company.
All Rights Reserved.

本作品版权由生活·读书·新知三联书店所有。
未经许可，不得翻印。

图书在版编目（CIP）数据

梦觉之间：《庄子》思辨录 / 陈少明著 . —北京：
生活·读书·新知三联书店，2021.9 （2023.11 重印）
（文史新论）
ISBN 978-7-108-07105-7

Ⅰ.①梦…　Ⅱ.①陈…　Ⅲ.①道家②《庄子》-研究
Ⅳ.① B223.55

中国版本图书馆 CIP 数据核字（2021）第 036870 号

责任编辑	王晨晨
装帧设计	薛　宇
责任印制	董　欢
出版发行	生活·讀書·新知 三联书店
	（北京市东城区美术馆东街 22 号 100010）
网　　址	www.sdxjpc.com
经　　销	新华书店
制　　作	北京金舵手世纪图文设计有限公司
印　　刷	三河市天润建兴印务有限公司
版　　次	2021 年 9 月北京第 1 版
	2023 年 11 月北京第 2 次印刷
开　　本	635 毫米 × 965 毫米　1/16　印张 15
字　　数	194 千字
印　　数	5,001-7,000 册
定　　价	52.00 元

（印装查询：01064002715；邮购查询：01084010542）

自　序 | 生命的精神场景

晋人嵇康说《庄子》："此书讵复须注，徒弃人作乐事耳。"（《世说新语·文学》）一语道出许多好庄者的心声。训诂、注疏或校勘，只是专家的事情。而《庄子》[1]一书，并非为专家所作。爱读书的人，即使不晓得"道"是"有"还是"无"，不知"道"从哪来和到哪去，也不妨碍其读《庄》获得的乐趣。庄书让读者快慰或沉迷的原因，在于其讲故事的魅力及其所呈现的生命的精神场景。

问题的奥秘，要从其独特的讲述方式说起。

1. 从视觉到思想

《庄子》把自己的讲述方式称作"三言"，寓言、重言与卮言。一般认为，表达的主要方式是寓言，而所述的观念为卮言。什么是寓言？《寓言》篇的说法是："亲父不为其子媒。亲父誉之，不若非其父者也。"意思是表达者的意图不能直陈，要借助某种中介来传达，以加强其说服力。这是比喻，也类一则微型寓言。综览全书，这种方式就是通过陈述故事来传达对生命或生活的观点。故事不必复杂，无须史

---

[1] 《庄子》是庄子及其后学或追随者文章的合集，思想未必统一，但以寓言为特色的讲述方式大致相同。本文取材以内外杂篇一致者为原则，故行文一律称为庄子或《庄子》思想。

诗式的长篇，只要精致的情节或场景。所涉者无非生活中的要素，人、事、物之类。其要义就是通过情景来呈现观点，而非通过概念去推论，即故事能让读者或听众直接感受其意义。用《秋水》篇的话说，意义是"观"出来的。但它不是普通方式的"观"，"以物观物"所得者，只是庸常的观念；要做到"以道观物"，那才是道行之所在。因此，"观"是需要训练或者修养出来的能力。

汉语中，望、视、见、观等词与"看"有共同的意义，都指通过运用眼睛的视觉功能去掌握对象的行为。整个行为的完成，包括若干要素，如意愿、对象、位置、行动以及结果。这样看来，同是表达视觉行为的词，意义的侧重点可能就不太一样。例如，"望"字表达意愿与行动，但不一定望得出什么结果。故《庄子》说"望之而不能见也，逐之而不能及也"（《天运》）。荀子也言"吾尝跂而望矣，不如登高之博见也"（《劝学》）。"视"亦然，一般是近视远望。《秋水》中以为"天下之美为尽在己"的河伯，"顺流而东行，至于北海，东面而视，不见水端"。同样也"视而不见"。"看"字起源较早，但其流行则时间上偏后。它也存在着"看见"与"看不见"的问题。如果什么都看不见，看了也白看。因此，"见"除了表达直接察看的意思，更重要的，还意味着看到一定的结果。前义如《论语》中的"子见南子"（《雍也》），"子路愠见曰"（《卫灵公》），以及《庄子》中的"孔子见老聃而语仁义"（《天运》）。后义如"故视而可见者，形与色也"（《天道》），"予欲虑之而不能知也，望之而不能见也，逐之而不能及也""听之不闻其声，视之不见其形，充满天地，苞裹六极"（《天运》）等，往往表示"看"出了结果，有所收获，所以叫有所"见"。因此，"见"之古义也同"现"。但是，所见是否如所愿，则是另一个问题。因此，也存在浅见、偏见和洞见、远见之分，或者如佛学说的有正见、倒见之别。东施效颦就是见非所是或者同看不同见的例证："观古今之异，犹猨狙之异乎周公也。故西施病心而矉其里，其里之丑人见而美之，归亦捧

心而矉其里。其里之富人见之,坚闭门而不出;贫人见之,挈妻子而去之走。彼知矉美而不知矉之所以美。"(《天运》)

"观"则包含"看"(或视、望)与"见"两义而有所超越。先看"观""看"之异。偶然的撞见或无心的一瞥,都是看。而且看是在特定的视角范围才有效。河伯出崖涘时"东面而视,不见水端"。北海若告诉他:"观于大海,乃知尔丑,尔将可与语大理矣。"(《秋水》)观水较有普遍性,儒家也主张"君子见大水必观"(《荀子·宥坐》)。比较而言,"观"是更自觉的行为,同时视野更深远,甚至越出视觉的限制,不但"仰则观象于天,俯则观法于地"(《易·系辞下》),还可以"观古今之异",对象从空间扩展到时间。再看"观"与"见"。字形构造上,观字包含见字在内。"瞽者无以与乎文章之观,聋者无以与乎钟鼓之声。"(《逍遥游》)与"望之而不能见"义同,观与见都有看到结果的意思。但是,当其行为对象相同时,见、观意义便有别。"见人"指直接的会面,如"子见南子"或"孔子见老聃"。但"观人"则不是见人,如"今吾观子非圣人也"(《天道》),或"由天地之道观惠施之能"(《天下》),其重点不是看一眼或会一面,而在于对人格及思想的考察、品鉴。观的过程包含有观念思考的成分。《齐物论》有:"毛嫱丽姬,人之所美也;鱼见之深入,鸟见之高飞,麋鹿见之决骤,四者孰知天下之正色哉?自我观之,仁义之端,是非之涂,樊然淆乱,吾恶能知其辩!"同样是所"见"具体,所"观"抽象。重要的是,当下的视觉都是有限制的,有限的言行不能评价一个人,壮丽的风景无法一眼望尽。因此,"观"不是视觉形象的一次性捕捉,而是一个过程。它需要不同视觉片断的连接。这些片断可以来自同一视角下对象的变化,也可以围绕着对象进行不同角度的观察。过程一旦拉长,这种"观"就需要知识的辅助或补充。或者说,"观"把眼前的经验与过去经验相联结的思想活动,是观察向思考的过渡。因此,同是看海,观海与见海就不一样。见海是指获得关于海洋的视觉形象,观海(或观水）则获得比视觉更多的内容，如胸怀、气度、境界等等。《秋水》中，北海若说河伯"井蛙不可以语于海者，拘于虚也；夏虫不可以语于冰者，笃于时也；曲士不可以语于道者，束于教也。今尔出于崖涘，观于大海，乃知尔丑，尔将可与语大理矣"。这也意味着"观"不是裸视，而是有准备的思想行为。所以，不但可以观天文地理，也可以观风土人情。同时，这种"观"还需要突破视觉表象，透过事物的外部形态去抓取其内在结构。如《易传》的"观物取象"，就不仅限于直观的行为，还有"取"的思想主动性。[2]

老子说："常无欲以观其妙。常有欲以观其徼。"（《道德经》第一章）《庄子》借北海若之口接着说："以道观之，物无贵贱；以物观之，自贵而相贱；以俗观之，贵贱不在己。以差观之，……以功观之，……以趣观之，……"（《秋水》）所谓"以X观之"，不论是以"道"，还是以物，以俗，以差，以功，以趣，同老子的"无欲""有欲"一样，表明这个"观"是需要立场或"先见"的。北海若所说的"以道观之"之"道"，就是庄子观天下人生的知识或思想依托。毫无疑问，庄子的"观"超越"见"，意义更宽广。日后，"观"便慢慢延伸出更抽象的含义，而且更突出观看的成果，如观点或观念。不但观心，而且可以观道。最终，道观、观道一体。今日所谓人生观、世界观、宇宙观之类，均由此延伸而来。

人是视觉的动物。这不是说只有人类才有视觉，而是指人类能把视觉的功能发挥到极致，把它从看得到或可以看的事物上运用到"看不到"或"不能看"的目标中。看不到者如宏观、微观对象，不能看者如思想现象。所谓"宏观世界""微观世界"，或者"思想世界""精

---

[2] 现代心理学家也重视视觉在诸感觉中的重要地位，强调注视不是被动接受，而是主动选择的行为，因而有"视觉思维"之说。参鲁道夫·阿恩海姆著，滕守尧译：《视觉思维》，北京：光明日报出版社，1987年。

神世界",就是人类用思考模拟观看的表现。这不只是视觉需要思想,而且是视觉如何进入及支配思想的问题。章太炎甚至主张,中国传统的道学,与其叫作哲学,不如称为"见"学:"九流皆言道。道者彼也,能道者此也。白萝门书谓之陀尔奢那,此则言见,自宋始言道学(理学、心学皆分别之名)。今又通言哲学矣。"他引荀子《天论》的说法,"慎子有见于后,无见于先;老子有见于诎[屈],无见于信[伸];墨子有见于齐,无见于畸;宋子有见于少,无见于多",强调"予之名曰见者,是葱岭以南之典言也"。[3]

有意思的是,章太炎把荀子同佛学联系起来,断言思想与视觉一样,其有效性可通过验证来判断。"见无符验,知一而不通类,谓之蔽(释氏所谓倒见见取)。诚有所见,无所凝滞,谓之智(释氏所谓正见见谛)。"[4]观察结果与对象不一致,或者看到事物特殊性而不知其普遍性,都是蔽的表现。见而无蔽称为智。然而,视觉上还存在"见"与"蔽"的另一种对立。对物体的任何一次观察,都只能见到其中的一个侧面,而看不见其位置相反的一面,故有所见便有所蔽。思想也是这样,囿于自己的立场,便会产生"有见于后,无见于先"或"有见于少,无见于多"这种局限。思想家的局限,也是观念史的问题。例如"道",本意是走路,慢慢变成路,又变成到达目的地的途径,再变成达致抽象理想的措施,最后变成规则甚至形而上的本体。而每一新义的出现,都是对旧义的掩盖。有所见必有所蔽,遮蔽既久,根源就容易被忘记。正如考古场地一样,越原始的层次埋得越深。从老子的"道可道,非常道",到《易传》的"形而上者谓之道",再到王弼"以无为本"的道,道越来越离开其根基,同时也越来越玄虚。因此,那些有根源性追求的思想家就会出来揭蔽,或者叫作思想考古,从唐代

---

[3] 章太炎:《明见》,《国故论衡》,上海:上海古籍出版社,2011年,第124页。
[4] 同上。

开始便先后有韩愈、章学诚、章太炎等接二连三的《原道》。章太炎以为，智者的使命便是通过思想的解蔽，获得对道的洞见。太炎为何独尊"见"而不称"观"，我们不知道。但两者的思想逻辑是相容的，观道或见道，就是哲学的一个概念模型。

2．视角与场景

庄子就是通过视角的变动，实施思想揭蔽的观道或见道者。当然，思想的视觉不同于感官的视觉。眼睛对物体的整体把握，有两种方法。一是围绕着对象转动，从每个可能的角度加以观察，然后整合。这种方法可靠，但是费劲儿且不一定现实。因为不是所有的事物都让观察者有绕到背后或潜伏到下面进行察看的条件或机会。面对一座塔，你不必绕圈也知道背面的大致面貌。看到动物如牛或马的头，自然知道后面连着一个有四条腿且带尾巴的身体。这是第二种方法，即借助经验或其他背景知识从事物暴露部分推测其被遮蔽的其他方面，这种思想的作用有时很直接，几乎是即时"看"出来的。当然，它也可能产生错觉，或者被误导，这是观看魔术表演时常见的情形。因此，思想也需要训练，尤其是思考观念问题的时候。思想与观看一样，都受视角或者立场的限制。荀子说的"吾尝跂而望矣，不如登高之博见也"，即指位置或角度决定视野的广度与深度。表面上，思想的变换比身体的移位容易。其实不然，特别是某种想法成为一种"观点"后，它既是持有者成功的手段，也可能是其思想的负担或者障碍。所谓世界观就是这样。《德充符》中无趾在老子面前嘲笑孔子说："孔丘之于至人，其未邪？彼何宾宾以学子为？彼且以蕲以諔诡幻怪之名闻，不知至人之以是为己桎梏邪？"在庄子笔下的得道者看来，孔子所祈求的名声，其实就是思想的桎梏，只是他自己不知道而已。当然，不只思想家才有桎梏，常人也同样。庄子的思想使命，就是破除这种无处不在的观念的桎梏。

常识中观察世界的基本观念，除了观有无就是辨大小。"无"不可见，从"有"出发，大小便是基本的视觉范畴。而且，我们都有崇大轻小的倾向。这种倾向甚至并非某些人的偏好，而是人类本性的表现。于是，庄子便来做"小大之辩"。注意，他的词序是小大，而非大小。《逍遥游》开篇所展示的"大"，看起来是横空出世的现象："北冥有鱼，其名为鲲。鲲之大，不知其几千里也。化而为鸟，其名为鹏。鹏之背，不知其几千里也。怒而飞，其翼若垂天之云。是鸟也，海运则将徙于南冥。南冥者，天池也。"其实，生活中鲲鹏的原型，不管鱼还是鸟，体积都不大。把它放大后，再用常识中的小虫、小鸟作对比，效果就很奇特。这种大从小来、小大相对的观念，是通过强烈的视觉形象来表达的。[5]《庄子》不仅教人以大观小，还让人以小观大。《则阳》篇中，戴晋人劝魏王止战的说法，就是采取后一种策略："有国于蜗之左角者，曰触氏；有国于蜗之右角者，曰蛮氏。时相与争地而战，伏尸数万，逐北旬有五日而后反[返]。"从更宏大的图景来看，魏王要发起的征战，看起来轰轰烈烈，其实无异于追逐蜗牛角上的利益。其执念系自以为是，是不知道国中有国、天外有天的一孔之见。这两则故事，很有卡通感。一是小变大，一是大缩小，一推一拉，呈现一种特别的镜头感。"自细视大者不尽，自大视细者不明。"(《秋水》)庄子深谙视觉的窍门，把视角的变动与观念的转换，搭配得十分巧妙。常规视角的调整需要借助观察者身体的位移，或者运用望远镜或放大镜之类的物理工具，但思想视角的转换则靠想象力。庄子的想象力，真可谓旷世无匹。今人能够想到高飞的鸟儿"背负青天朝下看，都是人间城郭"[6]，就很了不起，至

---

[5] 参看本书《广"小大之辩"》。
[6] 毛泽东：《念奴娇·鸟儿问答》，中共中央文献研究室编：《毛泽东诗词集》，北京：中央文献出版社，1996年，第152页。

少是高山之巅才可以经验到的情景。而庄子想到的是，这山脉一样的巨无霸，其腾飞所需要的高度，绝非人类的肉眼所能见的。在那个高度，其感受只能是："天之苍苍，其正色邪？其远而无所至极邪？其视下也，亦若是则已矣。"即不仅前后无别，上下也难分。这也意味着，视角决定场景。世界的正见与倒见，只是角度或者参照系选择的问题。

调动视角，是庄子压制论敌、颠覆常识的策略。《胠箧》说，世俗的聪明人，为防止盗贼，总是把财物装好锁紧。殊不知这种自以为得计的想法，恰好方便了巨盗。因为他们把整个箱子一起抬走更省事。因此，"世俗之所谓知者，有不为大盗积者乎？所谓圣者，有不为大盗守者乎？"楚王要拜庄子为相，庄子就以神龟藏之庙堂而死，不若曳尾于涂而生为由拒之（《列御寇》）。庄子病重，弟子以厚葬安慰他，理由是"吾恐乌鸢之食夫子也"。庄子的回答是："在上为乌鸢食，在下为蝼蚁食，夺彼与此，何其偏也！"（《列御寇》）弟子以为，敌对势力来自天空，庄子调整视角，提醒也要提防来自地下之祸害。"匠石运斤成风，听而斫之，尽垩而鼻不伤，郢人立不失容。"（《徐无鬼》）大家惊奇于匠石的神技，庄子则更重视这个惊险的表演需以郢人作为"质"的配合为条件，怀念思想对手的消逝。总之，剧情反转是庄子思想最富戏剧性的特征。这一点，孔子在《庄子》中的形象最具代表性。孔子明明是颜回的老师，可话没说几句，师徒关系就会颠倒过来。如《大宗师》论"坐忘"，《让王》谈自足之乐，均以孔子表达对颜回的心悦诚服而告终。

有见就有蔽，思想与视觉一样，都存在一定的死角。而每种思想最大的死角，往往需要相反立场才能发现，理论与常识也一样。庄子为何总与世俗作对？因为他要为人类去蔽。而人类根深蒂固的观念，几乎都是生命与生活赖以进行的基础，例如物理世界的有无、大小，精神世界的生死、梦觉等等，几乎都是颠扑不破的信念。一则庄周梦蝶，更是把这种颠倒视角的神技运用到登峰造极的境地。"不知周之梦为胡蝶与？胡蝶之梦为周与？"(《齐物论》）这是一个神奇的问题。常人通常只会问，周为何会梦成蝶，只有庄子才会把问题反过来，想到是否是蝶梦为庄。而且，这也是一个难解的问题。因为一旦梦之中套着梦，像俄罗斯套娃一样，做梦者的"醒"可能只是其中一个层次的"梦"的表现。道理上，你永远无法确定自己是否处在终极觉醒的状态。这并非否定常识意义上的梦觉之分，而是对什么是主体以及生命的意义的疑惑，其实质就是对人类生活状态的反省。如果"大小"是外观，那么"梦觉"便属内观。其绝妙在于，梦境也是视觉化的。在人生各式各样的蔽中，最大者莫过于庄子所揭示的梦之蔽。正是这个蝴蝶梦，不仅给人生提出一个永恒的哲学问题，同时为中国文化创造一个优美的象征。[7]它与今日美国式的"梦想成真"精神意境迥异。

当然，有见必有蔽，对庄子也适用。荀子就说他是"蔽于天而不知人"（《荀子·解蔽》）。那么，什么是天，什么是人？庄子借北海若的口说："牛马四足，是谓天；落马首，穿牛鼻，是谓人。""无以人灭天，无以故灭命，无以得殉名。谨守而勿失，是谓反其真。"（《秋水》）庄子把人放在天然，即"天地与我并生，而万物与我为一"（《齐物论》）的背景下观察，以此削弱人类自我中心的观念。而荀子关于人的界定是："水火有气而无生，草木有生而无知，禽兽有知而无义，人有气有生有知亦且有义，故最为天下贵。"（《荀子·王制》）庄子想解构的，正是儒家认为使人更高贵的"义"。可是，如果人与草木鸟兽无别，人的意义又何在呢？事实上，人就是天人一体的存在物，人不仅通过"落马首，穿牛鼻"控制支配"天"，人也通过装扮、利用且最后束缚自身，使自己成为"人"。你只见天就会不见人，反过来，则只见人便不见天。因此，庄与荀可能各有所见，同时也各有所蔽。只是这

---

[7] 参陈少明：《想象的逻辑——来自中国哲学的经典例证》，《哲学动态》，2012年第3期。

种"见"不再是眼睛的观察，而是思想立场的运用。而且，庄、荀都把那种片面看待事物或夸大某种偏好的人叫作"曲士"。《天下》称："天下多得一察焉以自好。譬如耳目鼻口，皆有所明，不能相通。犹百家众技也，皆有所长，时有所用。虽然，不该不遍，一曲之士也。"从字源看，曲字在甲骨、金文中的写法，均类曲尺状，《说文》则象马蹄型，其释为"曲，象器曲受物之形"。《荀子·劝学》说"木直中绳，𫐓以为轮，其曲中规"。山道、河流拐弯处也称曲，故处于任何一曲中，均无法看见路道之整体。故荀子认为曲士不足以论道："夫道者体常而尽变，一隅不足以举之。曲知之人，观于道之一隅，而未之能识也。故以为足而饰之，内以自乱，外以惑人，上以蔽下，下以蔽上，此蔽塞之祸也。"(《解蔽》) 在荀子看来，只有圣人才真通道。

庄子也知道任何见解都是片面的，都是对其他方面的遮蔽，因此提出齐物论，也即齐是非的观点。齐是非不是与某一具体的观点争是非，而是放弃任何是非的观念，要义就是放弃固定的立场。没有固定的立场不等于没有立场，其立足点叫作"环中"，也即圆心。《齐物论》说"彼是莫得其偶，谓之道枢。枢始得其环中，以应无穷"。从圆心看圆周，没有死角，也没有分别，故可"以应无穷"。推广到万物上，则"物固有所然，物固有所可。无物不然，无物不可。非卮言日出，和以天倪，孰得其久！万物皆种也，以不同形相禅，始卒若环，莫得其伦，是谓天均。天均者，天倪也"(《寓言》)。无论是"道枢"，还是"天均"或"天倪"，其共同点就是以"环"即圆的视觉图式为思想模型。对于"卮言日出"，郭象注是"夫卮，满则倾，空则仰，非持故也。况之于言，因物随变，唯彼之从，故曰日出"。[8] 这个因满空的变化而倾仰的器具，其转动的形态正好也是一个圆。故章太

---

[8] 郭庆藩撰，王孝鱼点校：《庄子集释》，北京：中华书局，1982年，第947页。

炎说:"此以圆酒器状所言,是取圆义,犹云圆言耳。"[9]因此,卮言就是圆融应对不断变化的各种物论。处于"环中",面对旋转无尽的事物或物论,没有固定的视角或者随时顺势调整自己的视角,不会胶着于对局部事物的彼是取舍,就不会产生一曲之见,自然就能够齐是非。均有均平或均匀之意,圆心与圆周的关系,还有圆周上任何点与点的关系,最能满足这一要求。而天均或天倪之"天",大概是从日出月落、斗换星移的观察中,悟出的天道周行的道理。用"天"来形容它,意味着其普遍性与超验性。庄子克服视角局限的道理与方法,也是通过视觉的图式来呈现。

3. 观之以道

庄子被汉人封为与老子并列的道家。今人对这个"道"的哲学意义,存在不同的意见。一种有代表性的观点,是把"道"理解成一个伟大的存在者,它本身不是某种具体的东西,但其作用遍及一切事物。这种观点类似于宋儒的"理",是得于天而具于心的。故"道"同"理"一样,都可归于西式的形而上学。同时,这种论断也能从庄书,如《大宗师》中找到依据:"夫道有情有信,无为无形;可传而不可受,可得而不可见;自本自根,未有天地,自古以固存;神鬼神帝,生天生地;在太极之先而不为高,在六极之下而不为深,先天地生而不为久,长于上古而不为老。"这样,道被视作"道体",是一种对象性的存在。不过,本书倾向于另一种观点,即把"道"理解为看待事物的一种智慧的方式。《秋水》中,北海若"以 X 观之"的完整表达是:"以道观之,物无贵贱;以物观之,自贵而相贱;以俗观之,贵贱不在己。以差观之,因其所大而大之,则万物莫不大;因其所小而小

---

[9] 转引自崔大华:《庄子歧解》,北京:中华书局,2012年,第736页。

之，则万物莫不小。知天地之为稊米也，知豪〔毫〕末之为丘山也，则差数睹矣。以功观之，因其所有而有之，则万物莫不有；因其所无而无之，则万物莫不无。知东西之相反而不可以相无，则功分定矣。以趣观之，因其所然而然之，则万物莫不然；因其所非而非之，则万物莫不非。"道与物、俗一样，代表观物的不同方式，其作用在于让人类摆脱"丧己于物，失性于俗"（《缮性》）的困境。这个"道"可称为"道观"，与"道体"相对。

《知北游》中对道的这一描述，通常是大家谈庄子道论时不可忽略的材料。"东郭子问于庄子曰：'所谓道，恶乎在？'庄子曰：'无所不在。'东郭子曰：'期而后可。'庄子曰：'在蝼蚁。'曰：'何其下邪？'曰：'在稊稗。'曰：'何其愈下邪？'曰：'在瓦甓。'曰：'何其愈甚邪？'曰：'在屎溺。'东郭子不应。庄子曰：'夫子之问也，固不及质。正获之问于监市履狶也，每下愈况。汝唯莫必，无乎逃物。至道若是，大言亦然。'"这段话，当然可以成为"道"无所不在的证据，只是这个"道"究竟是决定事物价值的超经验的精神力量，还是理解万物包括人的处境的方式？两者是有分别的。对前者而言，事物价值是秩序化，同时是先天的，问道就是去发现这一伟大对象如何存在。对后者来说，道是一种追寻生活意义的方式，意义不是概念的演绎系统，它不是待发现的存在，而是被激发的精神状态，因而是生动多样的。

"每下愈况"就是"道"无处不在。从"道观"的观点看，就是在生活中寻找人生的意义。人生包含生命与生活两重含义，动物也有生命，但没有人所理解的生活。生命意味着死亡的限制，对死亡的恐惧是人生最大的恐惧。此外，生活不只是活着，要活得有意义，至少是要快乐的。而快乐不只是健康或感官的满足，还有精神的追求。物质的有限性与精神追求的多样性，导致快乐的追求是会冲突的。因此，意义不是单一的原则，更非抽象的概念。庄子带领着大家见机赋意，随处指点，是非贵贱，有无大小，梦觉生死，观鱼解牛等等，场景有大有小，角色或人或物，情节亦幻亦真。总之，所述观点充满画面感或者高度场景化。同时，其道理往往以颠覆世俗观念甚至常识为目标。庄子的"观"不是目光偶遇或随意的一瞥，而是经过深刻思考的构思与表达。很多感性的画面，不是照镜子的复现，而是通过文字描写调动起来的想象。观念一旦能够被直观，就有直指人心的力量。横空出世的鲲鹏，庄子不可能看见过。但他能够告诉你，当这个巨无霸飞达一定的高度以后，看上和看下没有分别，都只是其色苍苍而已。更绝的当然是被反复提及的梦蝶。其实，是否梦蝶既不特别，也不重要，问题在梦境之外。只有对于庄子，这个梦才是绝妙的思想素材。把思想图像化，而非看图说话，才是庄子的思维特性。当然，先秦诸子借故事表达思想，也就是对寓言的运用，绝非庄子一人。其他人如韩非也有卓越的表现，自相矛盾、刻舟求剑以及守株待兔等成语的形成便是证明。但庄子把它做绝，思想（卮言）与思想的表现（寓言）如盐溶于水，深刻与生动完美结合。虽然《齐物论》也存在丰富且深微的概念分析，如物我、是非甚至有无，但最打动人或者影响最深远的，还是这些深刻的故事。

庄子创造了一种独特的道论，其论述方式前无古人，后无来者。现在，可以回到道与哲学的关系上来。哲学是个外来词，在其原产地西方，其含义或者说表现形态也是有变化的。福柯和阿多（Pierre Hadot）都认为，今天对哲学的理解，即依概念推导的方式论证真理的存在，是以笛卡尔为转折点的。[10] 国人对西方哲学传统的理解，主要特征有两点，一是研究万物共有即"存在"的本质，二是用概念推导获致的理论。这种被称为"形而上学"的知识存在两个方面的弱点，一是其推论脱离经验可验证的范围，二是它外在于人的精神体验。经

---

[10] 皮埃尔·阿多著，张宪译：《古代哲学的智慧》，上海：上海译文出版社，2012年，第285页。

验主义者质疑前者，存在主义者则诟病后者。庄子不一样，其"齐物"论虽然持有万物一体的观念，却是以人的生命形态的体验为基础。他笔下用以同人对比的物，各式虫鱼鸟兽还有河海、大树甚至光影，都充满生命的动感。一方面是以人拟物，另一方面则借物训人。庄子的反人类中心主义，根本上还是站在人的立场。体验不是概念，体验是从活生生的处境，感受生活的压力或刺激。它是意义原初的场域。庄子掌握其中的奥妙，把生命中的喜怒哀乐通过各色人等的行为集结起来，把神仙圣贤、高人逸士、王公衙吏、书生盗寇、贩夫走卒，各种角色的表演场景一个个推到读者面前。抽象不是生命的本质。一个灾难的数据同一个灾难的情景相比，或者鬼的概念与见鬼的情节相比，哪一个更能激起情绪的反应是不言而喻的。拟情景就是让你置身模拟的环境，间接体验你未必亲身扮演过的角色与遭遇，触发心灵中意义的阈门。因此，庄子观道不是形而上学的追问，不是寻找什么永恒的对象。其目标既非没有方所的物，也非先天定在的理。他就是致力于揭开俗世积习的面纱，揭示从生命到生活的各种意义。

　　从近代西方开始，在科技发展刺激下的哲学，呈现从存在论向认识论转向的大趋势。同时，以理解或宰制外物为目标的科学技术，其知识表现形式逐渐成为哲学模仿、追逐的版本。哲学不只是"以向外找东西的态度来猜度"，[11]即以物的追逐为目标，而且其表达方式主要是制作成套的理论系统。庄子的道论，如果不能纳入这种存在论或认识论的框架来解释，它就没有在哲学史叙述中留下位置的机会。即便还留有痕迹，丰富的思想图景也被榨成唯我论、怀疑论或相对论的枯枝。换句话说，科学时代的哲学屏蔽前科学时代的庄学。但是，我们时代面对的现实是，科学解决了生活的不少问题，但它不能解决人生

---

[11] 这是熊十力对西方本体论哲学的批评，见《新唯识论》，北京：中华书局，1985年，第250页。

的很多问题,甚至还给人类生活带来新的问题。庄子的意义,其实是跨时代甚至跨文化的。重读庄子,像庄子观道那样体味生活的意义,是刷新对生命或生活认识的重要途径。但是,没人拥有全能的视角,庄子的观点也非来自上帝的眼睛。别人看到机械的效率,庄子见到背后拥有者的"机心";艰难时刻人们要"相濡以沫",庄子以为"不如相忘于江湖"……我们欣赏庄子的睿智,但不必因此阻止技术的进步,也不会对水深火热中的同类熟视无睹,更不能劝说贫困线下的人群安贫乐道。明智的态度是,不要把庄子的立场固化,而是把它变成平衡各种极端主张或惯性思维的思想利器。对权利意识高涨的人群,你可以讲责任;而在集体至上的传统中,则要维护个人;或者对自由论者讲平等,对平等论者言自由。这不是道德相对主义,而是实践哲学。道不是言说,而是行动。生命是持续的行动,而持续的行动就需要选择、调节。

借助庄子"环"形的思想图式看问题,如果"环"是转动的"轮",轮圈上就得有均匀的质量或形状,不能突出某一"曲",否则轮子的转动就有障碍甚至不安全。如果"环"变成圆桌,桌面的承重就须均衡,不能集中于某一"隅",否则就失去平衡,桌子会打翻。庄子作为批判者,其实是思想的后发者,也是价值平衡的守护者。任何抽象理想主义或原教旨主义,都是庄子哲学的敌人。反之同理。所以作为传统异端的庄子,在以启蒙为标榜的新文化运动之后,也没有跻身庙堂。[12]

从"思想视角"考察庄子,不是我们做的比喻,而是从分析视觉经验的内在机制出发,对庄子讲述方式的一种刻画。庄子反常规的视角所展示的生命场景,与其致力于为人生揭蔽的思想立场密切相关。因此,庄子之道的哲学意义是警示性的:一方面,唤醒我们生命体验

---

[12] 参本书《启蒙视野中的庄子》。

的热情;另一方面,提醒我们警惕任何极端思想对生活的摆布与控制。同样,庄子教会我们的思想态度,也是我们对待庄子哲学应有的态度。

4.关于本书

其实,对庄子哲学的上述认识不是本书写作的前提,而是编选过程中形成的愿与读者分享的心得。本书内容分文本、思维、哲学与历史四个单元。"文本"涉及作者对《庄子》一书主题的理解。以《齐物论》为中心分析庄书的思想逻辑,意味着新作同旧著《〈齐物论〉及其影响》[13]仍有思想线索上的关联。对庄书思想性的感受,是我把焦点从哲学史转向哲学分析的因素之一。"思维"的主题是想象,致力于分析庄子及其后学论述或者呈现其思想的方法论特点,同时也论及庄子非历史的历史态度与哲学思考的关系。关于庄子把生命的精神场景化的观点,也是这些论述的进一步延伸。"哲学"不是庄子哲学在哲学史意义上的复述,而是庄子的部分思想观点在哲学意义上的引申与论证。"历史"则是对庄子思想史影响的一些补充或评论。除了儒道关系问题外,值得关注的是启蒙视野中的庄子形象。

"哲学"部分是本书的重点。我做中国哲学的意见,包含对以儒道为代表的经典思想资源的重视。但许多方法的论述只是观念的设想,其要义在于实践,即"做"哲学的过程与产品。庄学是我最早做哲学练习的园地,《由"鱼之乐"说及"知"之问题》便是最初对庄子问题进行哲学分析的尝试。这种做哲学的努力大致分两个步骤,一是寻找论题,二是提供新证。问题的素材来自庄书,但它不是庄子思想的忠实复制。在某种意义上,它可能是断章取义的。是否合乎庄子的本义,有可能见仁见智。我的这种探讨之所以仍从称引庄子开始,甚至还包

---

[13] 陈少明:《〈齐物论〉及其影响》,北京:北京大学出版社,2004年;商务印书馆,2019年。

含某些文本线索的讨论，原因就在于问题的灵感来自庄子，没有可以撇开他的遁词。同时，我努力说明，所引申的论题即使不是《庄子》所蕴含的，也与之有思想线索上的联系。动机在于更清楚地揭示庄子与现代哲学论说的关系。古典的不是过时的。界定"现代哲学"不是或主要不在论题上，而在论说方式方面。无论是分析哲学还是现象学，其基本方法都可能派上用场。我关心的是从"面对事情本身"的态度出发的基本方法，而非两大传统中高深复杂的理论知识。例如，对小大、知信、吾我之类词语的分析，对自我、梦、死亡的意识描述，都力求从经验而非从概念出发推求事物的意义。只是概念比较，便会落入另一种新格义套式。这与用儒学资源做哲学的态度或方法是同样的，如对惑、耻、乐、忧以及仁义的分析。当然，这只是开始。

生活充满着吊诡。本文撰写之日，恰遇"新冠"疫情肆虐之时。静观月光下无声的校园，不无感触。地球上最伟大的生物，在小至肉眼几不可见的病毒前，如此不堪一击。此刻重温"小大之辩"的论题，不也宜乎？在大隔离的日子，"相呴以湿，相濡以沫，不若相忘于江湖"的箴言，读起来也非常应景。眼下闭门读庄，会唤起很多在平常的日子意识不到且有待慢慢消化的东西。

感谢冯金红女士再次接纳我的书稿，感谢晨晨的编辑工作。感谢学生徐翔对书稿的校对，以及多年来在资料搜集上为我提供的帮助。此外，本书的写作还以"经典世界与经典思想研究"为题，得到中山大学人文学科中长期重大研究与出版计划的资助，在此一并致谢！

2020年元宵夜
于中山大学家中

第一编

文本

一　从《齐物论》看《庄子》

与儒家孔、孟、荀历史清楚明了不同，道家从老到庄，不论身世还是著述，都同其思想观念一样，朦胧而且神秘。以《庄子》为例，这一状况虽然可能给一般读者造成扑朔迷离的困惑，但也为历代解庄家提供了考验或表现自己学识、才智的竞技场。不说注家各自依托的哲学信念的区别，单纯由于对内、外及杂篇作者判断的不同，在文献利用上就出现三种不同的方法。第一，把《庄子》全书当作思想统一的作品来解读，如郭象注庄；或者有所改进，即在意识到它是庄子及其后学文章合集的情况下，只归纳那些前后一致的说法来作为整个学派的思想。第二，以内篇为基本素材，兼取外、杂篇个别章节，作为研究庄子本人思想的依据。这种追随王夫之的做法，在现代学者中较普遍。第三，同第二种方法相反，不是从内篇，而是从外杂篇寻求庄周本人的思想真谛。这种主张虽然接受者不多，但也别有一格。上述诸角度对理解庄子或《庄子》思想均有助益。这里试图在前人成果的基础上，再进一步，即接受内篇为庄子作品，而外、杂篇主要为庄子后学的解释或模仿之作的前提下，以《齐物论》为中心，分析其主题在外、杂篇中的发展或演变。处理得当的话，或许可以找到进入这座精神秘殿的另一个门道。

1. 庄学典范

以《齐物论》为中心，得假定它不但是庄子（或者说内篇）的代表作，同时得证明它是庄子后学在外、杂篇中表达的思想的主要资源。

先看《天下》提供的参考论断。《天下》虽不能断定为庄子作品，但它所涉的思想史知识，就可勘查而言，如墨、老甚至像宋钘、尹文之流的观点，并无问题。故无理由怀疑作者会不知或曲解庄子的思想。请看其关于庄周的评述：

> 芴漠无形，变化无常，死与生与，天地并与，神明往与！芒乎何之，忽乎何适，万物毕罗，莫足以归。古之道术有在于是者。庄周闻其风而悦之。以谬悠之说、荒唐之言、无端崖之辞，时恣纵而不傥，不以觭见之也。以天下为沈〔沉〕浊，不可与庄语，以卮言为曼衍，以重言为真，以寓言为广。独与天地精神往来而不敖倪于万物，不谴是非，以与世俗处。其书虽瑰玮而连犿无伤也。其辞虽参差而諔诡可观。彼其充实不可以已，上与造物者游，而下与外死生无终始者为友。其于本也，弘大而辟，深闳而肆；其于宗也，可谓稠适而上遂者矣。虽然，其应于化而解于物也，其理不竭，其来不蜕，芒乎昧乎，未之尽者。[1]

上述评介包括思想内容与表达风格两个方面。风格的描述最传神，不仅《齐物论》，而且《逍遥游》《大宗师》以至外篇中的《秋水》、杂篇中的《庚桑楚》也符合这种说法。内容上，依冯友兰，"独与天地精神往来"主要体现于《逍遥游》，而"不谴是非，以与世俗处"，则

---

[1] 郭庆藩撰，王孝鱼点校：《庄子集释》，北京：中华书局，1982年，第1098—1099页。本书凡引《庄子》文字均出自该书，只在正文中夹注篇名，但标点符号有时改动。

同《齐物论》"彼亦一是非，此亦一是非"，"可乎可，不可乎不可"，"无物不然，无物不可"等"两行"观点更为一致。[2]依张恒寿，则"上与造物者游，而下与外死生无终始者为友"源于《大宗师》，而"死与生与，天地并与"来自《齐物论》的"天地与我并生，而万物与我为一"。[3]

除《天下》外，《庄子》一书中能证明《齐物论》重要性的，还有《寓言》篇。王夫之曾说："此内外杂篇之序例也。庄子既以忘言为宗，而又繁有称说，则抑疑于矜知，而有成心之师。且道惟无体，故寓庸而不适于是非；则一落语言文字，而早以与道不相肖。故于此发明其终日言而未尝言之旨，使人不泥其迹，而一以天均遇之，以此读内篇，而得鱼兔以忘筌蹄，勿惊其为河汉也。此篇与《天下篇》乃全书之序例。"[4]《寓言》是否为庄子所作暂且不管，但它对阅读《庄子》确有重要的提示。除了"寓言十九，重言十七，卮言日出，和以天倪"之类与《天下》类似的说法外，还有对《齐物论》思想直接叙述的段落：

> 卮言日出，和以天倪，因以曼衍，所以穷年。不言则齐。齐与言不齐，言与齐不齐也，故曰无言。言无言。终身言，未尝言；终身不言，未尝不言；有自也而可，有自也而不可；有自也而然，有自也而不然。恶乎然？然于然。恶乎不然？不然于不然。恶乎可？可于可。恶乎不可？不可于不可。物固有所然，物固有所可，无物不然，无物不可。非卮言日出，和以天倪，孰得其久。

为了使答案更有说服力，我们再利用一下刘笑敢《庄子哲学及其

---

[2] 冯友兰：《再论庄子》，《哲学研究》，1961年第2期。
[3] 张恒寿：《庄子新探》，武汉：湖北人民出版社，1983年，第113页。
[4] 王夫之著，王孝鱼点校：《庄子解》，北京：中华书局，1981年，第246页。

演变》提供的资料，分别就内七篇同外、杂篇中语言形式与思想内容明显相同或相通的材料进行统计。结果依次为：《齐物论》33条，《大宗师》28条，《人间世》17条，《德充符》15条，《逍遥游》11条，《应帝王》10条，《养生主》则为7条。[5]这表明在对外、杂篇的影响方面，《齐物论》居内七篇之首。由于内篇与外、杂篇已被刘著证明产生于两个不同的时期，所以两者之间的相同或相通，大致都可看作后者对前者的复述、模仿或发挥。《齐物论》是《庄子》的代表作，它是庄子学派发展的主要思想资源。后世大多数《庄子》学者同庄子后学的眼光是一致的。

2．齐物绎义

从《齐物论》看《庄子》，还有一个对其思想的解读问题。学术史上，单就对题目的读法，就存在"'齐物'论"与"齐'物论'"的分歧。刘琨《答卢湛书》说："远慕老庄之'齐物'。"《文心雕龙·论说》也有："庄周'齐物'，以论为名。"[6]这是倾向于前者。王夫之则相反，其题解说："当时之为论者伙矣，而尤盛者儒墨也：相竞于是非而不相下，唯知有己，而立彼以为耦，疲役而不知归。其始也，要以言道，亦莫非道也。其既也，论兴而气激，激于气以引其知，泛滥而不止，则勿论其当于道与否，而要为物论。物论者，形开而接物以相构者也，弗能齐也。使以道齐之，则又入其中而与相刃。唯任其不齐，而听其自已；知其所自兴，知其所自息，皆假生人之气相吹而巧为变；则见其不足与辨，而包含于未始有之中，以听化声之风济而反于虚，则无

---

[5] 统计对象为刘笑敢《庄子哲学及其演变》（北京：中国社会科学出版社，1987年）第65至77页、第84至85页及第90页所列举的对比材料。
[6] 二说转引自杨柳桥：《庄子译诂》，上海：上海古籍出版社，1991年，第23页。

不齐矣。"[7]

两种说法并不对立，都有意思，客观上显示它至少包含着两个层次的内容。而且，如果《齐物论》（包括整个内篇）不是作者自己命名，而是后来编者加上的，那就不存在谁更符合原意的问题。我们还可以表明，在"齐万物"与"齐物论"之外，隐含在标题而呈现在文本中的还有第三个层次的内容，那就是"齐物我"。三者贯通，才是对《齐物论》的完善理解。

依王夫之，《齐物论》是针对百家蜂起，是非淆乱而作，那么，齐物三义中，逻辑上当以齐物论为先。齐物论也即齐是非，在庄子看来，问题的关键是是非之争缺乏判断的客观标准："既使我与若辩矣，若胜我，我不若胜，若果是也，我果非也耶？我胜若，若不吾胜，我果是也，而果非也耶？其或是也，其或非也耶？其俱是也，其俱非也耶？我与若不能相知也。则人固受其黮闇。吾谁使正之？使同乎若者正之，既与若同矣，恶能正之！使同乎我者正之？既同乎我矣，恶能正之！使异乎我与若者正之？既异乎我与若矣，恶能正之！使同乎我与若者正之？既同乎我与若矣，恶能正之！然则我与若与人俱不能相知也，而待彼也邪？"要害就是价值信念在不同的人之间无法进行沟通，即"俱不能相知也"。同时，不同主体都有其独有的价值观念，也就没有任何人有权利代他人做选择，将自己的意志强加于他人之上。"啮缺问乎王倪曰：'子知物之所同是乎？'曰：'吾恶乎知之！'曰：'子知子之所不知邪？'曰：'吾恶乎知之！'"然则物无知邪？'曰：'吾恶乎知之！虽然，尝试言之。庸讵知吾所谓知之非不知邪？庸讵知吾所谓不知之非知邪？且吾尝试问乎女〔汝〕：民湿寝则腰疾偏死，鳅然乎哉？木处则惴栗恂惧，猨猴然乎哉？三者孰知正处？……毛嫱丽姬，人之所美也，鱼见之深入，鸟见之高飞，麋鹿见之决骤。四者孰

---

[7] 王夫之：《庄子解》，第10页。

知天下之正色哉？自我观之，仁义之端，是非之涂，樊然殽乱，吾恶能知其辩！'"不惟如此，即使个体本身对自我的把握，也不是确切无疑的。在庄子笔下，个人甚至连生死、梦醒这种同生存联系得最密切且又最个人化的问题都没法确定，那么，人生在世，还有什么可以相信呢？

从指出是非之争没有客观有效的评判标准，到揭示不同的人不可能存在共同的价值信念，再到暴露个人把握自我的困难，层层推进，个人连信念的根基都被瓦解，儒墨各自所倡导的社会价值系统不就成为自以为是者留给人们的笑柄吗？由于是非难定，引来世事纷扰。故齐是非，就是要杜绝无谓的惹是生非。这得有一种超然的态度，把是非看作像彼此、生死甚至是与朝三暮四和朝四暮三一样，是相对的。

物论纷争，是非滋扰，根本上是基于人对不同的物的那种利用、打量的态度或眼光。所以齐物论背后的问题是齐万物。齐万物不是做齐，而是"看齐"，即不要把它们看作不同的东西，而是看作一"物"即够了："以指喻指之非指，不若以非指喻指之非指也；以马喻马之非马，不若以非马喻马之非马也。天地一指也，万物一马也。可乎可，不可乎不可。道行之而成，物谓之而然。恶乎然？然于然。恶乎不然？不然于不然。物固有所然，物固有所可。无物不然，无物不可。故为是举莛与楹，厉与西施，恢恑憰怪，道通为一。其分也，成也；其成也，毁也。凡物无成与毁，复通为一。"日常的或者可以利用的物都是具体的、有自己特性的，如果只从其同一性来着眼，将其抽象化，所谓"有"，便不如说是"无"。庄子所要引出的，正是这一结论："古之人，其知有所至矣。恶乎至？有以为未始有物者，至矣，尽矣，不可以加矣。其次以为有物矣，而未始有封也。其次以为有封焉，而未始有是非也。是非之彰也，道之所以亏也。"知的几个等级层次很分明，至知是未有，即无；次知是有而不分，只是抽象的"有"；再次是对物进行审察区分，但不涉是非。至于计较是非，则已是对"道"的整体价值的损害了。说到底,知是否近"道"不是基于其与真实的关系,而是由其远离是非的程度来决定的。

所以,下面这种化有为无的言论,就不适于看作认知意义的分析,而应当成其价值意义上的世界观的巧妙表达:"有始也者,有未始有始也者,有未始有夫未始有始也者。有有也者,有无也者,有未始有无也者,有未始有夫未始有无也者。俄而有无矣,而未知有无之果孰有孰无也。今我则已有谓矣,而未知吾所谓之其果有谓乎,其果无谓乎?"这个"无"不是本无,而是有而后无。"无"是要无物,即有所去除、放弃。这同齐物我的思想有密切联系。

齐物我就是"吾丧我":"南郭子綦隐机而坐,仰天而嘘,荅[答]焉似丧其耦。颜成子游立侍乎前,曰:'何居乎?形固可使如槁木,而心固可使如死灰乎?今之隐机者,非昔之隐机者也。'子綦曰:'偃!不亦善乎,而问之也!今者吾丧我,汝知之乎?女闻人籁而未闻地籁,女闻地籁而未闻天籁夫!'"所谓"丧我"或"隐机",即去掉系于心身上的负累。形如槁木,心如死灰,不要自以为"是"。人就像物,就要这物的效果。这效果就如"三籁",可以万窍怒号而相互激荡。然"吹万不同","咸其自取",是自自然然的表现。它不是刻意的结果,不见得有何造作者("怒者"),故也不必认定"我"是"谁"。

关键的问题是颜成子游所提的:"形固可使如槁木,而心固可使如死灰乎?"哀莫大于心死,问题拆开来便是:为何死心?死者何心?如何死法?庄子的解答是,人生各种是非与苦难的根源,全系于这一会自以为是从而产生物欲的"心"上。《齐物论》中的"与接为构,日以心斗","与物相刃相靡,其行尽如驰"便是世俗人生的一种写照。而人对物的利用、占有,是以我与物的对立为前提的,故要齐论、齐物,从根本上讲还要齐(物)我,也即无心。无心也靠心,只不过有心之心是心与物分,而无心之心则追求心与物化(或曰齐)。这就是庄周梦蝶所要象征的含义:"昔者庄周梦为胡蝶,栩栩然胡蝶也,自喻适志与! 不知周也。俄然觉,则蘧蘧然周也。不知周之梦为胡蝶与,胡蝶之梦为周与?周与胡蝶,则必有分矣。此之谓物化。"这种着重个人经验、主观感受的特点,使《齐物论》呈现浓厚的心学色彩。

总之,齐物论、齐万物与齐物我,思路上是相互贯通且层层递进的。而且,其所涉范畴,无论是非、有无,还是物我,都具有深刻的哲学含义。套用今日的用语,就是认识论、世界观与人生观是统一的。下面我们可以尝试以齐物三义为线索,分析《齐物论》的思想结构在《庄子》一书中是如何被放大或扩展的。

3．争是非与辨言意

"齐物论"就是齐是非。这一以泯是非为己任,貌似超脱于俗世利益的哲学篇章,也有未被掩饰的价值立场。"故有儒墨之是非,以是其所非而非其所是。""自我观之,仁义之端,是非之涂,樊然殽乱,吾恶能知其辩?"这大概是整篇文章中仅有的露底的话,它点明庄子所辩论的对手是儒与墨,批判的内容是由仁义之争引起的是非问题,是由反仁义而上升到泯是非的。

对于这种思想的底蕴,可以从司马迁所描写的庄子的政治立场来了解:"楚威王闻庄周贤,使使厚币迎之,许以为相。庄周笑谓楚使者曰:'千金,重利;卿相,尊位也。子独不见郊祭之牺牛乎?养食之数岁,衣以文绣,以入太庙。当是之时,虽欲为孤豚,岂可得乎?子亟去,无污我。我宁游戏污渎之中自快,无为有国者所羁。终身不仕,以快吾志焉。'"[8]这段描述与《列御寇》中的记载相类似,生动体现其与当权者不合作的立场,说明庄子不仅不是得势者,而且对一切权势、

---

[8] 司马迁撰,裴骃集解,司马贞索引,张守节正义:《史记》,北京:中华书局,1982年,第2145页。

一切政治现实都怀有不信任的态度。这一态度在《人间世》关于楚狂接舆言行的描写中也有充分流露："孔子适楚，楚狂接舆游其门曰：'凤兮凤兮，何如德之衰也！来世不可待，往世不可追也。天下有道，圣人成焉；天下无道，圣人生焉。'"

哲学批评同政治抗议，在庄子那里，本来就是相表里的事情。但庄子后学中的不同派别却从不同角度发挥其不同层次的思想。其中有一种倾向，兴趣集中在政治抗议上，而且矛头特别指向倡导仁义的儒与墨："圣人不死，大盗不止。虽重圣人而治天下，则是重利盗跖也。为之斗斛以量之，则并与斗斛而窃之；为之权衡以称之，则并与权衡而窃之；为之符玺以信之，则并与符玺而窃之；为之仁义以矫之，则并与仁义而窃之。何以知其然邪？彼窃钩者诛，窃国者为诸侯，诸侯之门而仁义存焉。则是非窃仁义圣知邪？""故绝圣弃知，大盗乃止；擿玉毁珠，小盗不起；焚符破玺，而民朴鄙；掊斗折衡，而民不争；殚残天下之圣法，而民始可与论议。"(《胠箧》)这类文字可以说是《庄子》外篇中前四篇，《骈拇》《马蹄》《胠箧》及《在宥》等篇章的基本观点，与司马迁概括的"以诋訾孔子之徒，以明老子之术"及"剽剥儒墨"的立场较接近。这就不是泯是非，而是坚持争正义的立场。故今人也有将其划为"道家左派"的。[9]

不过，在纯哲学的层面，泯是非的思路也被部分后学延伸与拓展。《齐物论》泯是非的思路，至少有三个层次的内容：一、辩论的双方以至任何企图充当仲裁的第三者，都有自己的主观立场，不存在评判是非的客观标准；二、以人、鱼、鸟、鹿四者对"色"的不同观点为喻，强调每个认知主体本身都有各自独立的价值尺度，不能互相代替；三、即使每个独立的主体，不论对自我还是对外物的把握都存在不确定的

---

[9] 参见罗根泽：《"庄子"外"杂篇"探源》，《诸子考索》，北京：人民出版社，1958年，第284页。

一面，故其价值立场也可能游移不定，这样谈是非问题自然更无意义。可以说，这一思想旋律贯穿整部《庄子》，特别是其外、杂篇中。它包括对这种思路的复述、引申和发挥、创新两个方面。

内篇的最后一篇《应帝王》，开篇就与《齐物论》呼应："啮缺问于王倪，四问而四不知。""四不知"的观点，外篇的《至乐》中还有转述。此外，《庚桑楚》《徐无鬼》《寓言》等都引申了泯是非的思想。然而，更值得重视的是，外、杂篇的部分作者，能从是非的检讨深入言与意的讨论。这有哲学上的突破。

不同的人对事物有不同的知解角度，因而产生不同的观点。不同的观点要进行交流，就必须借助语言作为表达的工具。而交流过程一旦意见分歧，未能达成一致的结果，就必然导致是非之辩。因此，知、言（道）、辩是相互联系的环节。《齐物论》中有明确涉及三者关系的地方："夫言非吹也，言者有言，其所言者特未定也。果有言邪？其未尝有言邪？其以为异于鷇音，亦有辩乎？其无辩乎？道恶乎隐而有真伪？言恶乎隐而有是非？道恶乎往而不存？言恶乎存而不可？道隐于小成，言隐于荣华。故有儒墨之是非，以是其所非而非其所是。""故知止其所不知，至矣。孰知不言之辩，不道之道？"焦点在于"言"，而且是对其负面意义，即在掩盖真实、制造是非中的作用的关注。但庄子对此尚未充分阐述，问题在他的后学那里再行展开：

> 世之所贵道者书也，书不过语，语有贵也。语之所贵者意也，意有所随。意之所随者，不可以言传也。而世因贵言传书。世虽贵之，我犹不足贵也，为其贵非其贵也。故视而可见者，形与色也；听而可闻者，名与声也。悲夫，世人以形色名声为足以得彼之情！夫形色名声果不足以得彼之情，则知者不言，言者不知，而世岂识之哉？（《天道》）

河伯曰:"世之议者皆曰:'至精无形,至大不可围。'是信情乎?"北海若曰:"夫自细视大者不尽;自大视细者不明;故异便。[10]夫精,小之微也;垺,大之殷也。此势之有也。夫精粗者,期于有形者也;无形者,数之所不能分也;不可围者,数之所不能穷也。可以言论者,物之粗也;可以意致者,物之精也;言之所不能论,意之所不能察致者,不期精粗焉。"(《秋水》)

荃者,所以在鱼,得鱼而忘荃;蹄者,所以在兔,得兔而忘蹄;言者,所以在意,得意而忘言。吾安得夫忘言之人而与之言哉?(《外物》)

以上三则论述引自外、杂篇的不同篇章,大概不是一个人的手笔。但三者的中心都涉及语言的功能及其限制,同时均把"意"作为与"言"相对的范畴提出来讨论。《齐物论》中只有"知""道""指"或者"是非",但没有"意",而论言非得达意不可。《天道》要告诉我们的是,人们珍视言语,是以为其能传达某种意义。然意不一定用言来传,因为语言所表达的,往往同形色、名声相联系,而意是超越现象、超越"物"的。《秋水》的说法是,"可以言论者,物之粗也;可以意致者,物之精也",物之粗指可以感觉的现象世界,物之精大概就是潜存于物之中的情与理,或者叫作"道",与物相对的道。前一层次的问题可以用语言来传达,后一层次则很困难,是可意会而不可言传的。然意会并不能完全排除言传,否则《庄子》一书,包括内篇与外、杂篇的存在本身就没有意义。关键在于如何利用"言"。《外物》提醒我们,不要笼统地抛弃语言,而是要注意言与意的区别,牢记言只是工具,学会得意忘言。与《齐物论》只是注意"言"的限制

---

[10]"故异便"三字位置,据马叙伦校改。

性不同,这些论述不仅探讨了产生这种限制性的原因,而且根据其功能提出运用的可能性,思路更精微。不但如此,由言意并举而做的讨论,具有深刻的解释学含义,对后来的魏晋玄学产生广泛的影响。[11]

4. 道通为一

齐万物是齐是非的深入。在《齐物论》中,齐物的观点有几个环节:一、把形形色色的物只是看作"物",将物抽象化,故万物化为一"物",即"道通为一";二、将知的性质区分为知是非、知万物(而不分是非)、知有(即以万物为一"物")及知无("未有")四个等级,以知无为"知之至";三、以任何有限物都有其开端("始")的现象类比,推论万物的总体"有"也有其开端,得出有无相互转化的结论,从而同"知之至"匹配。事实上,这不是在揭示事物的真相是什么,而是告诉我们,如何把事物看作什么。借一个用俗了的说法,是一种"世界观"问题,而还原为道家的术语,则是"道"。《齐物论》有若干处使用"道"这个词,但从未有一个形式上较严格的定义,从其用法看,最抽象者如"道恶乎隐而有真伪","是非之彰也,道之所以亏也"。最多大概有普遍真理或真实价值的意思,而没有所谓"本体论"(ontology)的含义。《大宗师》使问题起了一点变化。它把"道"描写成"东西",一种非常伟大的"东西":"夫道,有情、有信,无为、无形,可传而不可受,可得而不可见,自本自根,未有天地,自古以固存;神鬼、神帝,生天、生地;在太极之先而不为高,在六极之下而不为深,先天地生而不为久,长于上古而不为老。"但这究竟是一种

---

[11] 参汤用彤:《言意之辨》,《汤用彤学术论文集》,北京:中华书局,1983年,第214—232页。

真切摩状,还是修辞式的比喻,都很难讲。惟有外、杂篇,则同时把"道"当成"观点"与"东西"来看待。

所谓"观点",用《秋水》的说法就是"以道观之"。当河伯望洋兴叹,自惭形秽时,北海若开导说:"井蛙不可以语于海者,拘于虚也;夏虫不可以语于冰者,笃于时也;曲士不可以语于道者,束于教也。今尔出于崖涘,观于大海,乃知尔丑。尔将可与语大理矣。"这个"道"或者"大理"就是小大、贵贱之辩(或"辨"),他总结说:

> 以道观之,物无贵贱;以物观之,自贵而相贱;以俗观之,贵贱不在己。以差观之,因其所大而大之,则万物莫不大;因其所小而小之,则万物莫不小;知天地之为稊米也,知豪[毫]末之为丘山也,则差数睹矣。以功观之,因其所有而有之,则万物莫不有;因其所无而无之,则万物莫不无;知东西之相反而不可以相无,则功分定矣。以趣观之,因其所然而然之,则万物莫不然;因其所非而非之,则万物莫不非;知尧桀之自然而相非,则趣操睹矣。

罗根泽评论这段引文"所言较《齐物论》更为明辩,显然是据《齐物论》之说而益加推阐。此外如谓'以道观之,何贵何贱,是谓反衍。……何少何多,是谓谢施',也极切合《齐物论》的旨趣。《齐物论》说:'天下莫大于秋豪[毫]之末,而大[泰]山为小;莫寿于殇子,而彭祖为夭',这里也便说:'知天地之为稊米也,知豪[毫]末之为丘山也,则差数睹矣。'《齐物论》说:'有儒墨之是非,以是其所非,而非其所是',这里也便说:'知尧桀之自然而相非,则趣操定矣。'无处不与《齐物论》的论旨相凑泊"。[12]

---

[12] 罗根泽:《"庄子"外"杂篇"探源》,《诸子考索》,第293页。

把"道"描述为"东西"的典型则是《知北游》,它成了"无所不在"的"物物者":

> 东郭子问于庄子曰:"所谓道,恶乎在?"庄子曰:"无所不在。"东郭子曰:"期而后可。"庄子曰:"在蝼蚁。"曰:"何其下邪?"曰:"在稊稗。"曰:"何其愈下邪?"曰:"在瓦甓。"曰:"何其愈甚邪?"曰:"在屎溺。"东郭子不应。庄子曰:"夫子之问也,固不及质。……汝唯莫必,无乎逃物。至道若是,大言亦然。周遍咸三者异名同实,其指一也。"
> ……
> (庄子曰:)"物物者与物无际,而物有际者,所谓物际者也;不际之际,际之不际者也。谓盈虚衰杀,彼为盈虚非盈虚,彼为衰杀非衰杀,彼为本末非本末,彼为积散非积散也。"

"物物者与物无际","际"即边际、界限,它是对"道"之"无所不在""每下愈况"的进一步解释。"道"在物中,它非物,而是"物物者",即塑造物的力量。它不同于神,神在物之外,但"道"在物之中。这是从空间的观点看,从时间的角度看又如何呢?《知北游》提供另一种说法作为补充:

> 冉求问于仲尼曰:"未有天地,可知邪?"仲尼曰:"可。古犹今也。"冉求失问而退。明日复见,曰:"昔者吾问:'未有天地,可知乎?'夫子曰:'可,古犹今也。'昔日吾昭然;今日吾昧然。敢问何谓也?"仲尼曰:"昔之昭然也,神者先受之;今日之昧然也,且又为不神者求邪?无古无今;无始无终。未有子孙而有子孙,可乎?"冉求未对。仲尼曰:"已矣,未应矣!不以生生死,不以死死生。死生有待邪?皆有所一体。有先天地生者

物邪？物物者非物。物出不得先物也，犹其有物也。犹其有物也，无已。圣人之爱人也终无已者，亦乃取于是者也。"

由于古今、始终、生死诸关系的辩证性，从而也从时间的维度把物（天地）与非物（先天地）联结起来，"物物者非物"，它既在物之中，也在物之先。《齐物论》中，对天地之先"未知有无之果孰有孰无也"的犹疑，《知北游》给予明确的说法。即有"无"，"无"意味着它不同于物，但它拥有对物的力量。这就是道。

《知北游》本就是庄子后学为问"道"而作的篇章，它由知向无为谓、狂屈、黄帝，啮缺向被衣，舜向丞，孔子向老聃，东郭子向庄子，泰清向无穷、无为、无始，光曜向无有，冉求向仲尼，以及颜渊向仲尼问"道"等一连串故事组成。同时，无论行文风格还是思想内容，均明显有模拟、呼应《齐物论》的性质。

且看开篇一章："知北游于玄水之上，登隐弅之丘，而适遭无为谓焉。知谓无为谓曰：'予欲在问乎若：何思何虑则知道？何处何服则安道？何从何道则得道？'三问而无为谓不答也。非不答，不知答也。"这是仿王倪对啮缺四问而四不知的说法，是《齐物论》之所谓"不言之辩，不道之道"。后来又借黄帝之口干脆用一个"无"字来回答："无思无虑始知道，无处、无服始安道，无从无道始得道。"这个"无"也与"俄而有无矣，而未知有无之果孰有孰无也"脱不了干系。"无"是《知北游》的提炼，它包含"不"或者"非"等否定性意义。上述"物物者非物"的双重含义，也与《齐物论》齐万物的两个层次相一致：道"无所不在"是"道通为一"的转述，而"未有天地""先天地生"同"知之至"——"未始有物"更是一脉相承。简言之，《知北游》的"道"正是循《齐物论》齐物、非物的思路发展而来的。它从舍有为无变成似无实有，所以能够（时间上）"无中生有"，（空间上)"无所不在"。[13] 这就是从《齐物论》到《知北游》中的"道"的发展逻辑。

比较《秋水》与《知北游》可知,前者基本上是对《齐物论》观点的发挥,后者则可能受《大宗师》的暗示,把"道"引申到本体论的方向。当代关于庄子哲学"基本问题"的争论,多半是被后者诱导的。

5. 齐物我,合天人

《齐物论》中的"丧我",同《逍遥游》中的"无己"、《人间世》中的"心斋"以及《大宗师》中的"坐忘",所要揭示的精神境界是一致的。[14]《大宗师》对"坐忘"的描述也较真切:"颜回曰:'回益矣。'仲尼曰:'何谓也?'曰:'回忘仁义矣。'曰:'可矣,犹未也。'他日,复见,曰:'回益矣。'曰:'何谓也?'曰:'回忘礼乐矣。'曰:'可矣,犹未也。'他日,复见,曰:'回益矣。'曰:'何谓也?'曰:'回坐忘矣。'仲尼蹴然曰:'何谓坐忘?'颜回曰:'堕肢体,黜聪明,离形去知,同于大通,此谓坐忘。'仲尼曰:'同则无好也,化则无常也。而果其贤乎!丘也请从而后也。'""堕肢体,黜聪明,离形去知,同于大通",同"形若槁木,心如死灰"一样,都是齐物我。《齐物论》中"形若槁木,心如死灰"的意象,在外、杂篇的《田子方》《知北游》《庚桑楚》及《徐无鬼》中反复出现,烘托齐物我这个主题。能做

---

[13] 庞朴《说"無"》告诉我们,今日被简化为"无"之"無"字,传统中包含"亡""無""无"三义。这三义分别便是"有而后无""似无实有"与"无而绝无"。用这种区分理解魏晋玄学的有无之争,贵无派以无为本之"无"属"似无实有"之义,而崇有派所攻击的无中生有的"无",便是"无而绝无"的"无"(《一分为三——中国传统思想考释》,深圳:海天出版社,1995年,第270—283页)。这对我们理解《庄子》中的"无",很有启发。

[14] 参见徐复观:《中国人性论史·先秦篇》,台北:商务印书馆,1969年,第395页。

到这一点的，当然是《齐物论》中的"至人"、《逍遥游》中的"神人"或《大宗师》中的"真人"，他们都"不知利害"，"不近人情"，"不知悦生，不知恶死"。

而不论"丧我"的"心如死灰"还是"坐忘"的"去知"，实质都是"无好""无常"，即无常人的喜怒哀乐之情。细绎《齐物论》，心、身（形）相连，而心又与知、情相关。齐是非解决的是知的问题，而齐物我则处理情的麻烦。情比知其实更根本。"一受其成形，不忘以待尽。与物相刃相靡，其行尽如驰，而莫之能止，不亦悲乎！终身役役而不见其成功，茶然疲役而不知其所归，不可哀邪！人谓之不死，奚益？其形化，其心与之然，可不谓大哀乎？人之生也，固若是芒乎？其我独芒，而人亦有不芒者乎？"这是人类悲情的现象学式的描述。在《德充符》中，庄子教人通过忘情来忘是非："有人之形，无人之情。有人之形，故群于人，无人之情，故是非不得于身。"可是，人真能无情吗？庄子必须回答这个基本的诘难：

> 惠子谓庄子曰："人故无情乎？"庄子曰："然。"惠子曰："人而无情，何以谓之人？"庄子曰："道与之貌，天与之形，恶得不谓之人？"惠子曰："既谓之人，恶得无情？"庄子曰："是非吾所谓情也。吾所谓无情者，言人之不以好恶内伤其身，常因自然而不益生也。"惠子曰："不益生，何以有其身？"庄子曰："道与之貌，天与之形，无以好恶内伤其身。今子外乎子之神，劳乎子之精，倚树而吟，据槁梧而瞑，天选子之形，子以坚白鸣！"

依庄子的解释，无情之"无"不是表示没有，而是要忘。"忘其所不忘（无），此谓诚忘。"目的是"不以好恶内伤其身"，也就是要"常因自然"，即使对待生死也不例外。所有思考较彻底一些的人生哲学，都必须回答关于生死的态度问题。"死生无变于己，而况利害之端乎?"《齐物论》外,庄子在《养生主》《大宗师》中都有一生死、顺自然的态度的表达。而外篇《至乐》那个"鼓盘而歌"的故事中,道理更明白,态度甚至更"积极":"庄子妻死,惠子吊之。庄子则方箕踞鼓盆而歌。惠子曰:'与人居,长子老身。死不哭,亦足矣,又鼓盆而歌,不亦甚乎!'庄子曰:'不然,是其始死也,我独何能无概然!察其始而本无生;非徒无生也而本无形;非徒无形也而本无气。杂乎芒芴之间,变而有气,气变而有形,形变而有生,今又变而之死,是相与为春秋冬夏四时行也。人且偃然寝于巨室,而我噭噭然随而哭之,自以为不通乎命,故止也。'"无情即忘情,但非忘一切情。它要忘的是因物的得失而起的悲喜之情,以及对死亡的恐惧。所谓齐物我,说到底就是"齐生死"。

齐物我从另一角度讲就是合天人。《齐物论》"吾丧我"故事的寓意非常明显:"子綦曰:'……今者吾丧我,汝知之乎?女闻人籁而未闻地籁,女闻地籁而未闻天籁夫!'……子游曰:'地籁则众窍是已,人籁则比竹是已。敢问天籁。'子綦曰:'夫吹万不同,而使其自已也,咸其自取,怒者其谁邪?'"这意味着"丧我"不是销声匿迹,而是回归与天籁和谐的自然状态。"天地与我并生,而万物与我为一",则直接点明齐物我同合天人是二而一的事情。合的前提是有分,而天人同物我的关系正是对位区分的。虽然何为天?何为人?《齐物论》中未有明确的界定,但庄子在内篇其他地方,则从不同角度做了界说。以人为例,《养生主》与《德充符》都把人之形归于天,而人之情划归人。《大宗师》开篇谈"知之至",则把《齐物论》之知是非、有无转变成知天人:"知天之所为,知人之所为者,至矣。知天之所为者,天而生也。知人之所为者,以其知之所知,以养其知之所不知,终其天年而不中道夭者,是知之盛也。"

外(杂)篇中,对天人问题继续探讨:"何谓道?有天道,有人道。无为而尊者，天道也；有为而累者，人道也。主者，天道也；臣者，人道也。天道之与人道也，相去远矣，不可不察也。"(《在宥》)又，"牛马四足，是谓天；落马首，穿牛鼻，是谓人。故曰，无以人灭天，无以故灭命，无以得殉名。谨守而勿失，是谓反其真"(《秋水》)。这种从行为上区分天人，同物心的对比是一致的。因为有心才会有为，它决定行为的动机。《天地》中关于机械与机心的议论为此做一注脚："有机械者必有机事，有机事者必有机心。机心存于胸中，则纯白不备；纯白不备，则神生不定；神生不定者，道之所不载也。"该篇还借老聃之口说："凡有首有趾无心无耳者众，有形者与无形无状而皆存者尽无。其动，止也；其死，生也；其废，起也。此又非其所以也。有治在人，忘乎物，忘乎天，其名为忘己。忘己之人，是谓之入于天。"这就是合天人。其实，不论是齐物我，还是合天人，都是精神境界的问题。《齐物论》的说法是，"天地与我并生，而万物与我为一"。而《天下》的概括则更能传达其人生观的性质："独与天地精神往来而不敖倪于万物，不谴是非，以与世俗处。"由此，宇宙秩序即是道德秩序，自然态度就是生活态度。

结　语

从《齐物论》看《庄子》，就是以《齐物论》为中心的《庄子》哲学的研究。上述分析表明，一部《庄子》所展示的哲学系统，基本上是《齐物论》中所包含的思想结构的放大。这一思想结构，若用三个关键词来表示，即"物—心—道"。它贯穿齐物论、齐万物及齐物我的思想程序。其中，核心范畴是心，它有逐物与达道两个对立的倾向或层次。庄子及其后学所致力的功夫，就是通过对情、知性质的剖析、阐明，促成心由逐物到达道的转向。而物与道同有与无的对位转化,就是在心的转向中完成的。[15]所以,庄子哲学有强烈的心学色彩。这自然是经分析而重建的思路,但它提供理解《庄子》的新的门径。庄子后学并非只是对庄子的简单复述,如言、意关系的提出,道的形上学化的倾向,以及对天人问题的强调,都有自己的贡献。只是由于不同的人兴趣不同,各自发挥的结果可能导致相互冲突。这给那些把《庄子》当作个人作品的读者留下困惑。本文采取的视角,不仅有助于解析文本所呈现的思想线索的发展,同时,强化了对其哲学内涵的内在把握。《齐物论》当然不只是打开庄学宝库的一把钥匙,就《庄子》在中国哲学传统中的影响而言,它也是我们领会中国古典哲学特质的非凡经典。

(原载《经典与解释》,广东人民出版社,1999年)

---

[15] 20世纪50年代以来,中国大陆围绕庄子进行的哲学"基本问题"的争论,多数是将其心、物、道的联系分割开来的结果。代表作为《哲学研究》编辑部编:《庄子哲学讨论集》,北京:中华书局,1962年。

二 | 人、物之间
理解《庄子》哲学的一个关键

人是中国古典哲学的主题，儒家是推动古代人的思潮的主要代表，这是学界公认的观点。不过，并非所有的流派都同儒家的孟子和荀子那样，界定人性，并对之进行或善或恶的判断与争辩。道家的庄子，似乎更致力于对这类人性论说的解构。从表面上看，庄子更有兴趣的，是物性而非人性。除著名的《齐物论》外[1]，出自庄子后学的《天下》篇，在划分古代的思想派别时，竟也以对物的态度作为区分各派的特色。[2]因此，荀子甚至批评庄子，"蔽于天而不知人"（《荀子·解蔽》）。荀子的天，指的就是物。然而，如果依此而以为庄子的"不知人"就是不关心人的问题，那就大错特错了。整部《庄子》，关于人的论述丰富多彩。[3]儒、道两家，都论人、物关系。差别在于，

---

[1] 例如，孟子以人的感官有共同的嗜好，推论共同人性的存在，庄子在《齐物论》中则借各种生物习性的不同，矢口否认人有共同的价值取向，从而拒绝统一的人性的说法。

[2] 《天下》篇把古代分为道术统一与分裂两个阶段，而道术分裂的百家时代，其中所举派别的划分均与"物"有关：墨翟、禽滑厘是"不侈于后世，不靡于万物，不晖于数度，以绳墨自矫而备世之急"。宋钘、尹文是"不累于俗，不饰于物，不苟于人，不忮于众，愿天下之安宁以活民命，人我之养毕足而止，以此白心"。彭蒙、田骈、慎到是"公而不党，易而无私，决然无主，趣物而不两，不顾于虑，不谋于知，于物无择，与之俱往"。关尹、老聃是"以本为精，以物为粗，以有积为不足，澹然独与神明居"。庄周本人则"万物毕罗，莫足以归"，"独与天地精神往来而不敖倪于万物，不遣是非，以与世俗处"。而他的辩友，"惠施之才，骀荡而不得，逐万物而不反，是穷响以声，形与影竞走也。悲夫！"不论政治、社会还是人生，分歧的焦点都与对物的态度有关。

[3] 徐复观的《中国人性论史·先秦篇》便把庄子思想列入其中进行论述。

儒家以人观物，而庄子由物论人。分析人、物关系，当是理解《庄子》哲学的一个关键。[4]

1．从物说起

讨论人的问题，不是从人本身着手，而是从物的论述开始，初看起来似乎不对题。其实，这既合乎问题的逻辑，也能呈现《庄子》思想性格的独特性。界定一个对象，就意味着给该对象的确定给出边界条件。人最需要与其划清界限的，一端是神、鬼，另一端则是动物。由于神、鬼不是普遍经验的现象，它更像是人对自身想象的副产品，而物，尤其是动物则与人有客观的经验联系，故后者几乎是所有关于人的规定性的向度必须正视的问题。中国人骂人最严厉的话，是骂"禽兽"或"不是人"，就起源于儒家孟子对人异于禽兽之"几希"的强调，因此人禽之辨也成为人性之辨的重要组成部分。[5]与之形成对比，庄子不仅不担心人与物的混淆，甚至主张把界限取消。庄子的物包括具体的事物与万物两个不同的层次，前者是物欲之物，后者则是与天地或道并提之物，如"天地与我并生，万物与我为一"。故后者不能理解为前者的总称，而是看待世界的境界的提升。

依常识，"凡有貌象声色者，皆物也"（《达生》），即是说，凡是可以从感性的角度把握的对象，都可以称作物。但由于感性的特质是多种多样的，所以有形形色色的物。《知北游》中有一则论道的存在形态

---

[4] 《庄子》一书不是庄子个人的作品，还包括其追随者续写的文字，其水平参差但倾向相近。我们可以讨论《庄子》而非庄子的思想，在取材上以内篇为基础，兼顾外、杂篇中主题或思想相近的文字。为了方便，行文上有时也用庄子代表《庄子》。在解读其中不同论说方式的文本时，选取逻辑上最合理的途径，将它们联系起来，因此，这种论述带有建构的性质。

[5] "孟子曰：人之所以异于禽兽者几希，庶民去之，君子存之。舜明于庶物，察于人伦，由仁义行，非行仁义也。"（《孟子·离娄下》）

的言论，就涉及各种具体的物：

> 东郭子问于庄子曰："所谓道，恶乎在？"庄子曰："无所不在。"东郭子曰："期而后可。"庄子曰："在蝼蚁。"曰："何其下邪？"曰："在稊稗。"曰："何其愈下邪？"曰："在瓦甓。"曰："何其愈甚邪？"曰："在屎溺。"东郭子不应。庄子曰："夫子之问也，固不及质。正获之问于监市履狶也，每下愈况。汝唯莫必，无乎逃物。至道若是，大言亦然。周徧［遍］咸三者，异名同实，其指一也。"

撇开道的形上问题不说，在感性中能够把握的，就是蝼蚁、稊稗、瓦甓、屎溺等具体的存在对象。这种每下愈况或每况愈下的评介逻辑在于：蝼蚁是昆虫，稊稗则是植物，而瓦甓连生物也不是，最后屎溺则是只有负面价值之物，它是根据世俗生活中评介事物的价值准则排列的。这种让道"每况愈下"的说法，正是要反对世俗对物的等级区分，让万物并存。其实，物只是抽象得来的概念，涉及一个规模巨大的类。如果沿着抽象的思路，物还可以，或者说有必要进行分类，如区分自然物与人工物。再进一步的话，自然物中有生物与非生物，生物中有草木与虫鱼之分。这种区分的必要性不只是纯认知发展的需要，还包含着如何看待世界或生活的原则问题。

如何看待物同如何看待人是相联系的。正如前面所说，儒家就提倡严守人、禽之别，对在生物特性上接近人的动物，唯恐逃之而不及。究其原因，就是担心人类身上的生物性得不到有效的控制或转化（如果不是排除的话），礼乐文明的发展，目标正是为把我们这种存在物从生物转化为人类，即培养、发展人性。可是，庄子则极力打破人与物（飞禽走兽）之间的界限：

> 啮缺问乎王倪曰："子知物之所同是乎？"曰："吾恶乎知之！""子知子之所不知邪？"曰："吾恶乎知之！""然则物无知邪？"曰："吾恶乎知之！虽然，尝试言之。庸讵知吾所谓知之非不知邪？庸讵知吾所谓不知之非知邪？且吾尝试问乎女：民湿寝则腰疾偏死，鳅然乎哉？木处则惴栗恂惧，猨猴然乎哉？三者孰知正处？民食刍豢，麋鹿食荐，蝍蛆甘带，鸱鸦耆鼠，四者孰知正味？猨猵狙以为雌，麋与鹿交，鳅与鱼游。毛嫱丽姬，人之所美也；鱼见之深入，鸟见之高飞，麋鹿见之决骤。四者孰知天下之正色哉？自我观之，仁义之端，是非之涂，樊然殽乱，吾恶能知其辩！"（《齐物论》）

这不只是比喻的问题，庄子及其追随者，就是喜欢抹杀人、禽的界限。在《齐物论》里，庄周梦为蝶的寓言中，周与蝶的关系，不仅难解难分，甚至有蝶比周更快乐的想象。还有《秋水》中，庄子与惠施一本正经地辩论，那条"从容出游"的鱼究竟是否快乐。有时候，庄子恨不得人就是生物，不管是虫鱼还是牛马，"呼我牛也而谓之牛，呼我马也而谓之马"（《天道》），这没什么关系。其实，庄子也不是在生物学意义上把人变成动物，而是在人类学意义上，解构人性中的负面要素，如对权势名利的追求，这些恰好是在动物身上看不到或者表现不明显的。同时，借助其他生命的眼睛，以"平等"的眼光打量，人还可以从物身上发现"人性"的某种可欲的侧面，如无忧无虑、无欲无争。

不仅对待生物的观点有分歧，对人工物例如工具的态度，庄子与儒家也很不一样：

> 子贡南游于楚，反于晋，过汉阴，见一丈人方将为圃畦，凿隧而入井，抱瓮而出灌，搰搰然用力甚多而见功寡。子贡曰："有

械于此,一日浸百畦,用力甚寡而见功多,夫子不欲乎?"为圃者卬而视之曰:"柰[奈]何?"曰:"凿木为机,后重前轻,挈水若抽,数如泆汤,其名为槔。"为圃者忿然作色而笑曰:"吾闻之吾师,有机械者必有机事,有机事者必有机心。机心存于胸中,则纯白不备;纯白不备,则神生不定;神生不定者,道之所不载也。吾非不知,羞而不为也。"子贡瞒然慙,俯而不对。有间,为圃者曰:"子奚为者邪?"曰:"孔丘之徒也。"为圃者曰:"子非夫博学以拟圣,於于以盖众,独弦哀歌以卖名声于天下者乎?汝方将忘汝神气,堕汝形骸,而庶几乎!而身之不能治,而何暇治天下乎!子往矣,无乏吾事。"(《天地》)

虽然这是虚构的故事,但《论语》有"工欲善其事,必先利其器"(《卫灵公》)的说法,联系儒家讲德政,强调满足民众日常生活的经济要求,关注器的效用,是理所当然的事。可庄子学派则把器的制作与利用,看作人性的缺陷。儒家是否会为故事中"为圃者"这席话而"羞而不为",非常可疑。不过,它透露庄子关于物的另一层观点,即由人的智力所运用的物,就是不祥之物,因此智力本身就是不道德的根源之一。说起来,庄子确实有趣,一方面,是从生物发现某种"人性"的光辉;另一方面,则要远离人化了的物,它是人堕落的表现。在理想的物与世俗的人的天平两端,庄子向前者倾斜。它不仅与儒家对立,也与世俗的观点背离。

庄子的物观,从世俗的立场看,其实是非物观。因为世俗的物之所以有价值,就在于它具体的物性,可以为人所利用。庄子学派则抽离其具体性:"凡有貌象声色者,皆物也,物与物何以相远?夫奚足以至乎先?是色而已。则物之造乎不形而止乎无所化,夫得是而穷之者,物焉得而止焉!彼将处乎不淫之度,而藏乎无端之纪,游乎万物之所终始,壹其性,养其气,合其德,以通乎物之所造。夫若是者,其天守全,其神无郤,物奚自入焉!"(《达生》)抽掉物的具体性,就是打破物的界限。万物不是各式各样的物的相加,而是物的总体,它无端崖无终始,是庄子寄情之所在。这物的总体,就是《知北游》中的道,它无所不在,不为具体的物所局限。其实,在庄子的心目中,物的界限,不仅存在于具体的物与物之间,同时也存在于具体的人与物之间,进而言之,也存在于具体的人与人之间。因此,不能离开人来谈论物。

2. 人的想象

对人的理解包括对其生命活动以及死亡的性质的认识,简言之,即生与死两部分。先讲生的问题。人物之为物,与其他物的不同之处,就在于它不仅有身,而且有心,即有意识或者精神活动。理解人就是理解其身心关系,或者表达为形神问题。依一般的看法,心是人之所以为人的根据。它不仅感知并控制着身,同时还能意识到甚至理解(或反思)心本身。人之所以有"我"的观念,就是心在作祟。它会把自己依存于其中的身当作不可分割的基本单位,即平常说的个体。这也是人会自私自利的根源。一个人对内常常是心支配身,对外则心身合一呈现于世界,再进一步则是心通过身去支配物以至于他人。

心不是某种实体,而是意识状态,它包含情与知两种活动。喜怒哀乐爱欲惧,属于情;而区分物我、人我以及其他是非对错的能力,叫作知。人心或者人的意识正是儒家对人思考的重点所在,在孔子那里,表现为讲仁讲智。仁即是通过对情的规范,把它引导到伦理的方向;智则从知开始,既知人也知礼,是实践仁德的条件。两者合起来,构成做君子的精神境界。[6] 不过,尽管儒家重心,但并不轻身,更不会

---

[6] 儒家讲君子"三达德"包括仁、智、勇,不过,比较而言,勇常被放在比较次要的位置。

有身心分离的倾向。因为，不但情的感发本身就是一种全身心的反应，而且，仁的践履本身也是一种身体行为。儒家讲精神修养不叫修心，而叫修身。讲圣人气象，最后要看是否形神兼备。以此为对照，庄子关于身心关系的思想，也颇值得玩味。分析起来，也有若干层次。

首先是轻身。《德充符》集中写了很多"兀者"（王骀、申徒嘉、叔山无趾等等）或"恶人"，但在庄子笔下，正是这些身体残缺或者形貌丑陋的人，最能体现人的价值，即形残而德全。德就是道（或者形上价值）在人身上的体现。更妙的是，这些人还有成为孔子老师的资格："鲁有兀者王骀，从之游者与仲尼相若。常季问于仲尼曰：'王骀，兀者也，从之游者与夫子中分鲁。立不教，坐不议，虚而往，实而归。固有不言之教，无形而心成者邪？是何人也？'仲尼曰：'夫子，圣人也，丘也直后而未往耳。丘将以为师，而况不若丘者乎！奚假鲁国！丘将引天下而与从之。'"在庄子看来，"德有所长而形有所忘"，忘形就是轻身。身是人最符合物的特征的成分，可它也是导致人与人分隔的客观因素，所以不能太在意。

但轻身未必就意味着重心。情也是心的成分，但一般人重视的情，却是庄子要排除的对象。在《庄子》中，惠施常被当作代表常识的辩论对手。下面便是关于人有情无情的争辩：

  惠子谓庄子曰："人故无情乎？"庄子曰："然。"惠子曰："人而无情，何以谓之人？"庄子曰："道与之貌，天与之形，恶得不谓之人？"惠子曰："既谓之人，恶得无情？"庄子曰："是非吾所谓情也。吾所谓无情者，言人之不以好恶内伤其身，常因自然而不益生也。"惠子曰："不益生，何以有其身？"庄子曰："道与之貌，天与之形，无以好恶内伤其身。今子外乎子之神，劳乎子之精，倚树而吟，据槁梧而瞑。天选子之形，子以坚白鸣。"（《德充符》）

庄子认为，好恶是情的表现，而好恶会伤身。不论儒家的伦理之情，还是日常生活的喜好，都为庄子所轻视。"有人之形，无人之情。有人之形，故群于人，无人之情，故是非不得于身。眇乎小哉，所以属于人也！謷乎大哉，独成其天！"（《德充符》）情有两面，既能开心，也会伤心。开心的追求，或者开心之后，不可避免会伤心。而开心往往弥补不了伤心带来的创伤，所以无情是釜底抽薪的策略。其实，身（形）在这里只是用来反对重情的借口，正如心也可用来贬低身的依据一样。

与轻视伦常的情相关，庄子也反对常识的知，因为情之爱恶与知之是非，是相联系的。《逍遥游》写了小知大知的对比："小知不及大知，小年不及大年。奚以知其然也？朝菌不知晦朔，蟪蛄不知春秋，此小年也。楚之南有冥灵者，以五百岁为春，五百岁为秋；上古有大椿者，以八千岁为春，八千岁为秋。而彭祖乃今以久特闻，众人匹之，不亦悲乎！"一部《庄子》充满对世俗的情与常识的知的讽刺与批判。前述"啮缺问乎王倪"，先是一问三不知，然后才讲一番关于以不知为"知"的道理。他的大知其实是知无甚至是无知："古之人，其知有所至矣。恶乎至？有以为未始有物者，至矣，尽矣，不可以加矣。其次以为有物矣，而未始有封也。其次以为有封焉，而未始有是非也。是非之彰也，道之所以亏也。道之所以亏，爱之所以成。"（《齐物论》）如果你把物看成无物，知有就变成知无。由此看来，庄子是既轻身，也轻心。因此，世俗看重的情与知，都在他的批判之列。

对生的看法如此，那么对死的态度又如何呢？人之所以为人，或者人的存在意识，最深刻之处，就是对自身有限性的感受。大凡观察（或经验）过他人之死亡者，不但遭遇死者身体的消亡，同时面对生死交流的中断，由此便会产生对死亡逼近的恐惧。按常理，对死亡的意识是最能凸显人与物之区别的界线所在。但即使这样，庄子也有特殊的视角：

庄子妻死，惠子吊之，庄子则方箕踞鼓盆而歌。惠子曰："与人居，长子老身，死不哭亦足矣，又鼓盆而歌，不亦甚乎！"庄子曰："不然。是其始死也，我独何能无概然！察其始而本无生，非徒无生也而本无形，非徒无形也而本无气。杂乎芒芴之间，变而有气，气变而有形，形变而有生，今又变而之死，是相与为春秋冬夏四时行也。人且偃然寝于巨室，而我噭噭然随而哭之，自以为不通乎命，故止也。"（《至乐》）

死亡是人生命的消亡，但是如果把人看成万物中的一类，而非从万物中独立者，那么有两点值得注意：一是有生才有死，死是生的组成部分，人们不能只喜欢生而厌恶死；二是人之生只是万物转化过程中的一个阶段，它同万物一样，背后有共同的元素——气。这样，人就回归物的一员："死生，命也，其有夜旦之常，天也。人之有所不得与，皆物之情也。"（《大宗师》）"生也死之徒，死也生之始，孰知其纪！人之生，气之聚也。聚则为生，散则为死。若死生为徒，吾又何患！故万物一也。"（《知北游》）这样，我们也能理解《齐物论》开篇那个禅宗公案般的寓言：

南郭子綦隐机而坐，仰天而嘘，苔[答]焉似丧其耦。颜成子游立侍乎前，曰："何居乎？形固可使如槁木，而心固可使如死灰乎？今之隐机者，非昔之隐机者也。"子綦曰："偃，不亦善乎，而问之也！今者吾丧我，汝知之乎？女闻人籁而未闻地籁，女闻地籁而未闻天籁夫！"（《齐物论》）

形如槁木、心如死灰的说法，表明庄子并非在身心对立的意义上贬心或轻身。丧我就是破除以身体为界限的自我执着。它是把人的生命当作天地无限的大生命中的环节的一种表达。如果问庄子心目中的人究竟属于什么物,恰当的答案应当是:能把自身理解为万物中的一类的那种物。理解意味着心的作用,区别在于用情、忘情,小知、大知而已。所以庄学也被认为是心学的一种类型。[7]

3.人与道德

无论是论人,还是论物,庄子的观点既神奇,又充满形上意味。观念的世界,常常是现实的经验的倒影。这种以对世俗的否定为主要特征的哲学,根源于对生存困境的深刻体验。《齐物论》对生存有一种充满宿命感的描述:

> 一受其成形,不忘以待尽。与物相刃相靡,其行尽如驰,而莫之能止,不亦悲乎!终身役役而不见其成功,苶然疲役而不知其所归,可不哀邪!人谓之不死,奚益!其形化,其心与之然,可不谓大哀乎?人之生也,固若是芒乎?其我独芒,而人亦有不芒者乎?(《齐物论》)

它把人生看作一个"与物相刃相靡"的过程。这个过程中,每个人都身心疲惫,充满悲哀,没有谁是真正的成功者。换句话说,每个人从出生开始,就是一个走向死亡的过程。这个"物"既包括与人相敌对的外部世界,也包括其他为有限的资源进行争夺的同类。因此,争的内容也不止于物质财富,更包括控制分配的权力,甚至由其派生的名声。财富、权力与名声三者,表面有高低之分,但对人的伤害无不同。"德荡乎名,知出乎争。名也者,相轧也;知也者,争之器也。

---

[7] 徐复观在《中国人性论史·先秦篇》中,关于《庄子》一章的标题,就叫《老子思想的发展与落实——庄子的心》。

二者凶器,非所以尽行也。"(《人间世》)名也是物的一种表现,"自三代以下者,天下莫不以物易其性矣。小人则以身殉利,士则以身殉名,大夫则以身殉家,圣人则以身殉天下。故此数子者,事业不同,名声异号,其于伤性以身为殉,一也"(《骈拇》)。"丧己于物,失性于俗者,谓之倒置之民。"(《缮性》)显然,这物不是万物,而是满足世俗的物欲之物。因此,庄子及其门徒不仅鄙视世俗的欲望,批判"逐万物而不反"的惠施,也拒斥以仁义为高名作标榜的儒家。

道家的理想社会是,"夫至德之世,同与禽兽居,族与万物并。恶乎知君子小人哉!同乎无知,其德不离;同乎无欲,是谓素朴;素朴而民性得矣"(《马蹄》)。而理想的人性就是保持人的天性:"曰:'何谓天?何谓人?'北海若曰:'牛马四足,是谓天;落马首,穿牛鼻,是谓人。'故曰,无以人灭天,无以故灭命,无以得殉名。谨守而勿失,是谓反其真。"(《秋水》)

不过,无知无欲,无名无争,只是减少对他人与对自己的伤害。生存的痛苦还有很重要的内容,就是对死亡的恐惧。《庄子》用大量篇幅努力消除这种恐惧。前面提到的,把死生当作一气变化的过程,是消除恐惧的方式之一。它要求做到,"适来,夫子时也;适去,夫子顺也。安时而处顺,哀乐不能入也,古者谓是帝之县解"(《养生主》)。把生死当作梦与觉的转换状态,则是另一种方式。"予恶乎知说生之非惑邪!予恶乎知恶死之非弱丧而不知归者邪!……予恶乎知夫死者不悔其始之蕲生乎!梦饮酒者,旦而哭泣;梦哭泣者,旦而田猎。方其梦也,不知其梦也。梦之中又占其梦焉,觉而后知其梦也。且有大觉而后知此其大梦也,而愚者自以为觉,窃窃然知之。君乎,牧乎,固哉!丘也与女,皆梦也;予谓女梦,亦梦也。是其言也,其名为吊诡。万世之后而一遇大圣,知其解者,是旦暮遇之也。"(《齐物论》)无论是气存在形态的转变,还是梦觉的交替变换,都是把生死存亡看作一体两面的现象。庄子后学写下了若干充满达观精神的寓言:

庄子之楚，见空髑髅，髐然有形，撽以马捶，因而问之，曰："夫子贪生失理，而为此乎？将子有亡国之事，斧钺之诛，而为此乎？将子有不善之行，愧遗父母妻子之丑，而为此乎？将子有冻馁之患，而为此乎？将子之春秋故及此乎？"于是语卒，援髑髅，枕而卧。夜半，髑髅见梦曰："子之谈者似辩士。视子所言，皆生人之累也，死则无此矣。子欲闻死之说乎？"庄子曰："然。"髑髅曰："死，无君于上，无臣于下；亦无四时之事，从然以天地为春秋，虽南面王乐，不能过也。"庄子不信，曰："吾使司命复生子形，为子骨肉肌肤，反子父母妻子闾里知识，子欲之乎？"髑髅深矉［颦］蹙頞曰："吾安能弃南面王乐而复为人间之劳乎！"（《至乐》）

庄子将死，弟子欲厚葬之。庄子曰："吾以天地为棺椁，以日月为连璧，星辰为珠玑，万物为赍送。吾葬具岂不备邪？何以加此！"弟子曰："吾恐乌鸢之食夫子也。"庄子曰："在上为乌鸢食，在下为蝼蚁食，夺彼与此，何其偏也。"以不平平，其平也不平；以不征征，其征也不征。明者唯为之使，神者征之。夫明之不胜神也久矣，而愚者恃其所见入于人，其功外也，不亦悲夫！（《列御寇》）

前者借梦的形式质疑对死亡的恐惧，后者则以我为造化洪流中平等互资的一员，破除自我执着带来的死亡恐惧。这种死亡观不仅与世俗观念背离，同时挑战了儒家循俗守礼、慎终追远的人道精神。《大宗师》假孔子与子贡的议论，对那些方外之人"临尸而歌"的非礼现象做出这样的评论："彼，游方之外者也；而丘，游方之内者也。外内不相及，而丘使女往吊之，丘则陋矣。彼方且与造物者为人，而游乎天地之一气。彼以生为附赘县［悬］疣，以死为决疴溃痈。夫若然者,又恶知死生先后之所在!假于异物,托于同体;忘其肝胆,遗其耳目;反覆终始,不知端倪;芒然彷徨乎尘垢之外,逍遥乎无为之业。彼又恶能愦愦然为世俗之礼,以观众人之耳目哉!"这是以儒家的名义批判或修正儒家。

"夫残朴以为器,工匠之罪也;毁道德以为仁义,圣人之过也。"(《马蹄》)庄子后学,把儒、道价值的对立,命名为仁义与道德的对立,断定道德优先于仁义。不过从上述文字中借孔子之口的区分看,儒家立足于"游方之内",道家理想在"游方之外"。儒家的仁义,强调对人的关怀,强调社会责任,强调个人修养,强调人格尊严。生活于"方内"的时候,庄子同样讲人格尊严:

> 宋人有曹商者,为宋王使秦。其往也,得车数乘。王说之,益车百乘。反于宋,见庄子曰:"夫处穷闾陋[厄]巷,困窘织屦,槁项黄馘者,商之所短也;一悟万乘之主而从车百乘者,商之所长也。"庄子曰:"秦王有病召医。破痈溃痤者得车一乘,舐痔者得车五乘,所治愈下,得车愈多。子岂治其痔邪,何得车之多也?子行矣!"(《列御寇》)

当然,庄书中也有不顾人格尊严的游世之徒,如《人间世》中的支离疏。[8] 但支离疏式的形象绝不如宁可快乐地在泥水中打滚而不愿意衣以文绣作牺牲的小猪的形象更基本。庄子之所以要慕"游方之外",就在于"游方之内"以权力为中心的体系,根本上是不道德的,故耻于与有权势者为伍。而所有对社会责任的强调,或多或少正是同

---

[8] "支离疏者,颐隐于齐[脐],肩高于顶,会撮指天,五管在上,两髀为胁。挫针治繲,足以糊口;鼓笑[策]播精,足以食十人。上征武士,则支离攘臂而游于其间,上有大役,则支离以有常疾不受功;上与病者粟,则受三钟与十束薪。夫支离其形者,犹足以养其身,终其天年,又况支离其德者乎!"(《人间世》)

权力的分配相关联。因此,"游方之外"的生活理想,得基于不同的道德原则:

> 泉涸,鱼相与处于陆,相呴以湿,相濡以沫,不如相忘于江湖。与其誉尧而非桀也,不如两忘而化其道。(《大宗师》)

> 子贡曰:"然则夫子何方之依?"孔子曰:"丘,天之戮民也。虽然,吾与汝共之。"子贡曰:"敢问其方?"孔子曰:"鱼相造乎水,人相造乎道。相造乎水者,穿池而养给;相造乎道者,无事而生定。故曰:鱼相忘乎江湖,人相忘乎道术。"(《大宗师》)

"相呴以湿,相濡以沫",意味着儒家相互关爱、相互承担的伦理责任。"相忘于江湖"则既不要相互依赖,也不必相互帮助,当然也不能相互欺压。唯一的原则,就是相互独立,自己为自己承担责任,就是自由。借孔子的口说,"鱼相忘乎江湖,人相忘乎道术"。这就是庄子的道德价值。"天地与我并生,而万物与我为一。"(《齐物论》)在庄子那里,天地、万物同道德往往可相互代用。那个方外的世界,没有中心,没有等级,因而也没有贵贱雅俗之分。所以可以"独与天地精神往来而不敖倪于万物,不谴是非,以与世俗处"(《天下》)。不过,在那种理想中,人生活在天地间,却不能生活在社会里,因为没有责任承担的个体,是不会形成社会的。这也许是庄子被认为在传播乌托邦的根据所在。

结　语

《天下》篇中以"物"的态度为焦点对各家的评点,以及我们对整部《庄子》中人、物关系的扼要分析,很自然让人联想到《齐物论》。

关于齐物论的主题，前人有两种观点。一种是齐"物论"，另一种是"齐物"论，前者着重论，后者关注物。细绎《齐物论》文本，两种含义都存在。齐"物论"即齐是非，是对各种思想学说进行一种哲学批判。其重点不在讨论是非的标准，而是对争是非本身的正当性的质疑。"齐物"论即齐万物，要求人的世界观的转变，放弃任何自我中心的态度，平等地看待万有的自然性与自足性，把是非转化成有无问题。然而无论是齐"物论"还是"齐物"论，其实都是人对事物态度转变的产物。而这种对事物态度的转变，从根本上讲，是人对自身态度的转变。它必须把人看作万物的一员，而非它的异类，更不是高高在上的、高贵的存在物。这就是齐物我，或者齐天人的精神。[9]但是，单纯的理智或者知识的分析，并不能完全解决问题。所以，《庄子》还提供像"坐忘""心斋"之类的宗教修炼经验。[10]不管是否接受庄子这种观点，我们都必须承认，它是人类思想史上少数对人生做过深度反思的思想学说之一。

（原载《中国文化》，2011年秋季号，第34期）

---

[9] 参见陈少明《〈齐物论〉及其影响》第二章的讨论。
[10] "颜回曰：'回益矣。'仲尼曰：'何谓也？'曰：'回忘仁义矣。'曰：'可矣，犹未也。'他日，复见，曰：'回益矣。'曰：'何谓也？'曰：'回忘礼乐矣。'曰：'可矣，犹未也。'他日，复见，曰：'回益矣。'曰：'何谓也？'曰：'回坐忘矣。'仲尼蹴然曰：'何谓坐忘？'颜回曰：'堕肢体，黜聪明，离形去知，同于大通，此谓坐忘。'仲尼曰：'同则无好也，化则无常也。而果其贤乎！丘也请从而后也。'"（《大宗师》）

第二编

思维

三 | 通往想象的世界

《庄子》不是一部书,而是一个世界。但并非打开这本书的人都能进入这个世界。晋人嵇康说"此书讵复须注,徒弃人作乐事耳",是怕把它做成训诂式的学问。[1] 现代学术的毛病,则是把它榨成干枯的理论。司马迁说《庄子》"大抵率寓言","空语无事实"。[2] 郭象《序》说它"游谈乎方外","不经而为百家之冠"。这都在提示我们,读庄首先需要有想象力。所谓"无事实",不是指只有观念没有情节的文字。相反,它有许多奇妙的故事。只是这些故事,包括貌似真实的故事,在经验中或历史上多不可能或不曾出现过。所以它是"方外""不经"之谈,超乎俗世之上。一句话,它是想象出来的。同时,由于学界公认《庄子》一书远不是一个作者,也非同一时代完成的,故其作品便是集体性想象的产物。想象很重要,其意义不止于艺术与文学,是人类普遍的精神现象。但想象怎样论政治,想象如何是哲学,则是充满疑惑的问题。我们的阅读,是跟着故事中的人物与情节,进入《庄子》的世界,然后再琢磨其中政治、哲学与想象的内在联系。

---

[1] 见刘义庆《世说新语·文学第四》的记载及刘孝标的相关注。下面的说法,也可看作当代庄学家对嵇康的断言的响应:"庄学的传统化经典化,这种腐儒咬文嚼字的游戏,会使本来极其有用的考据、训诂、释义,转成人生绊脚石,使人与人生的实情脱节。"(吴光明:《庄子》,台北:东大图书公司,1992年,第12页)

[2] 《史记·老子韩非列传》,第2144页。

1．诗、史、论、剧

《天下》篇说《庄子》的言述方式为"寓言""重言"与"卮言"。三言含义虽难确诂，但说寓言来自想象则可肯定。想象不必下定义，引一则文字读者就可以领会："北冥有鱼，其名为鲲。鲲之大，不知其几千里也。化而为鸟，其名为鹏。鹏之背，不知其几千里也；怒而飞，其翼若垂天之云。是鸟也，海运则将徙于南冥。南冥者，天池也。"（《逍遥游》）但要揭示《庄子》的独特性，如与道家的《老子》或儒家的《论语》《孟子》之不同，寻求对想象与其他思想方式关系的理解，则需要先做些讨论。《老》《语》《孟》三书，乍看起来，与《庄子》的陈述方式有许多相类之处，如《老》也是虚构，《语》同样有故事，而《孟》则不乏有思考深度的对话。这些区别如何界定？

《老子》的体裁是诗，写诗自然需要想象。"上善若水，水善利万物而不争，处众人之所恶，故几于道。"（王弼本，第八章）在表达其包括形而上的抽象观念及形而下的经验原则时，《老子》借助大量的自然现象，如飘风、骤雨、江海、川谷、声音、颜色、刍狗等等，来传达"反者道之动"和"道法自然"的信念。但是，这只是一些零散的意象。它没有人物，没有对话，没有事件，人们能记住的，只是几句格言。《庄子》不然，其寓言所提供的，是让后世读者津津乐道的故事。举个例子，《老子》有"民多利器，国家滋昏；人多伎巧，奇物滋起"之句（五十七章）。同样的理念，《庄子》却是一则有趣的叙事：

> 子贡南游于楚，反于晋，过汉阴，见一丈人方将为圃畦，凿隧而入井，抱瓮而出灌，搰搰然用力甚多而见功寡。子贡曰："有械于此，一日浸百畦，用力甚寡而见功多，夫子不欲乎？"为圃者卬而视之曰："奈〔奈〕何？"曰："凿木为机，后重前轻，挈水若抽，数如泆汤，其名为槔。"为圃者忿然作色而笑曰："吾闻

之吾师,有机械者必有机事,有机事者必有机心。机心存于胸中则纯白不备。纯白不备则神生不定,神生不定者,道之所不载也。吾非不知,羞而不为也。"子贡瞒然惭,俯而不对。……(《天地》)

零散的意象与故事化情节的区别,是《老》《庄》不同之所在,后者更具感性的特征。故事是有情节的意象的叙述,但并不一定是虚构出来的。儒门第一经典《论语》就有故事,《汉书·艺文志》说:"《论语》者,孔子应答弟子时人,及弟子相与言而接闻于夫子之语也。当时弟子各有所记。夫子既卒,门人相与辑而论纂,故谓之《论语》。"由于所记内容有时包括"应答"的特定情境,所以就有情节出现,这种故事实际就是实录。将《庄子》中的孔子同《论语》中的孔子做简单的对比,即可说明问题。《论语》有若干孔子陷于困境的简单记载,如《卫灵公》有:"在陈绝粮,从者病,莫能兴。子路愠见曰:'君子亦有穷乎?'子曰:'君子固穷,小人穷斯滥矣。'"但《庄子》则编出若干个"孔子穷于陈蔡之间,七日不火食"的故事。这些故事不仅内容与《论语》所载不同,且本身描述的孔子形象也反差很大,如《山木》与《让王》的说法就很不一样。《让王》的故事是,"孔子穷于陈蔡之间,七日不火食"之际,"颜色甚惫,而弦歌于室",孔门弟子感到不可理喻,向老师道穷。孔子曰:"是何言也!君子通于道之谓通,穷于道之谓穷。今丘抱仁义之道以遭乱世之患,其何穷之为?故内省而不穷于道,临难而不失其德。天寒既至,霜雪既降,吾是以知松柏之茂也。陈蔡之隘,于丘其幸乎。"一番豪言壮语之后,师徒又一起抚琴起舞。这则故事显然以《论语》为原型,而加以发挥。[3]《山木》则大不一样,其故事是:"孔子围于陈蔡之间,七日不火食。大公任往吊之,曰:'子几死乎?'曰:'然。''子恶死乎?'曰:'然。'"接着这

---

[3]《吕氏春秋·孝行览·慎人》录有几乎相同的故事。

个大公任向孔子"言不死之道",孔子甚服称善哉,随后"辞其交游,去其弟子,逃于大泽,衣裘褐,食杼栗,入兽不乱群,入鸟不乱行",一个人当隐士去了。《庄子》可谓开对历史进行"戏说"的先声。

不必与《论语》细比较,单凭《庄子》内部记述的对立,就知它是虚构的,是寓言。在经验的层次,同样的人在同一时空不会发生完全相反的思想行为。而相互对立的叙述能在同一经典中并存流传,表明读者也只当其是一种虚构或想象。记忆与想象可以都有或简单,或复杂的意象,但记忆的意象目标是指向经验中发生过的对象;而想象则既能对经验材料重新编排,也可虚构不存在的人与事,它服从于想象的目的。[4] 想象中,相同的经验材料可以被同一个人以不同的方式重复改编,而不同的想象者,对材料的处理就会更多样化,如《庄子》的作者们对孔子的利用。记忆与想象的对比,提示我们应该如何读《庄》。

思想人物的故事无论情节有多曲折,其中心都放在记言上。就言而论,又往往是对话比独白更有情节感。这一点,《孟子》有类于《论语》。不过,《论语》是门生记录的文献,《孟子》则是孟子(可能还有弟子参与)的著作。赵岐说他仿效仲尼,"'我欲托之空言,不如载之行事之深切著明也。'于是退而论集所与高第弟子公孙丑、万章之徒难疑答问,又自撰其法度之言,著书七篇"。[5] 这种成书方式,导致两个效果。一是魏源所说:"七篇中无述孟子容貌言动,与《论语》为弟子记其师长不类。"一如朱熹所言:"《孟子》疑自著之书,故首尾文字一

---

[4] 崔适辨寓言不是实录时说:"寓言之类有三:曰托名,曰托言,曰托事。托名者,古实无此人,设为此人之名与其言行,以发其所欲抒之意见,如许由、务光之属是也。托言者,以所言之意为主,托为古人之问答以发明之,非谓真此古人之言也。如《列子·杨朱篇》晏平仲问养生于管夷吾,《庄子·盗跖篇》孔子与柳下季为友……托事者,以时事为主,设为古人之事以譬喻之,不必古人真有此事也。"(《史记探源》,北京:中华书局,2004年,第14—15页)

[5] 赵岐:《孟子题辞》,见焦循:《孟子正义》,北京:中华书局,1987年,第10页。

体,无些子瑕疵。""观七篇笔势如镕铸而成,非缀缉可就。"[6]这意味着,与《论语》比,《孟子》的创作倾向是理性的因素增加,而感性的成分减损了。而正是这种倾向,使《孟子》的雄辩同《庄子》的"不经"造成对比。《孟子》的雄辩充满论证的力量,而庄子的不经之言则有奇幻的效果。以对是否存在以共同人性为基础的道德标准的言辞为例,孟子在列举易牙之口味、师旷之音乐及子都之容貌为天下所公认的事实后,便做出推论:"故曰:口之于味也,有同耆[嗜]焉;耳之于声也,有同听焉;目之于色也,有同美焉。至于心,独无所同然乎?心之所同然者,何也?谓理也,义也。圣人先得我心之所同然耳。故理义之悦我心,犹刍豢之悦我口。"(《孟子·告子上》)庄子不然,隐喻式的言辞充满想象力:"且吾尝试问乎女:民湿寝则腰疾偏死,鳅然乎哉?木处则惴栗恂惧,猨猴然乎哉?三者孰知正处?民食刍豢,麋鹿食荐,蝍蛆甘带,鸱鸦耆鼠,四者孰知正味?猿猵狙以为雌,麋与鹿交,鳅与鱼游。毛嫱丽姬,人之所美也;鱼见之深入,鸟见之高飞,麋鹿见之决骤,四者孰知天下之正色哉?自我观之,仁义之端,是非之涂,樊然殽乱,吾恶能知其辩!"(《庄子·齐物论》)

《孟子》的对话近于《公孙龙子》中的主客之辩,这种对话的力量,不在对话者的身份、个性,也不在于是否煽情,而在于能否以理服人。读这种论辩文字,是进行逻辑分析,而非读故事。《庄子》的寓言充满戏剧性,对话更像台词。人物性格、情节对理解台词均不可或缺。有些貌似说理的论辩,用逻辑的观点来检验,可能不得要领。如《秋水》中庄子与惠施关于"鱼之乐"的辩论,多情者未必就是得理者。

《老子》《论语》《孟子》同《庄子》的不同,可以看作诗、史、论同剧的区别。这特有的言述方式,使整部《庄子》充满着魅与惑。我

---

[6] 魏源、朱熹之言均转引自杨伯峻:《孟子译注》,北京:中华书局,1984年,第4页。

们要用看戏的眼光来看《庄子》。[7]

2．被剪辑的图像

从想象的角度对几部经典进行对比之后,《庄子》的言述（或思想）方式浮现粗略的轮廓。同是想象,与《老子》比,它有人物有情节;同是故事,《论语》是写实的,它是虚构的;同是构思的对话,《孟子》的结构是逻辑的,它是戏剧性的。这初步提醒我们,读《庄子》,不能局限于几个抽象概念,不能着眼于情节是否真实,甚至还不能拘泥于言语的字面逻辑。[8]这是对传统研读哲学方式的一种矫正式的说法。作为一种思想方式,想象有它自己的前提、结构与力量。它也深刻体现在《庄子》这一经典的思想现象中。

想象有广义、狭义之分。广义的想象,是回忆及构思形象的思想活动。而狭义的想象,简洁地说,就是构思不真的形象及其活动。后者同历史、新闻及私人日记所追求的目标相背离。本章即在狭义上运用想象这个概念。在文字记录中,不真可以包括至少两个层次的情形。其一,对某些曾经在经验中存在过的要素做新的编排或综合。要素主要指人物、事件或特定时代。这是对不在场者的想象,如《庄子》中的孔子及其门徒。其二,想象一种根本不存在,甚至根本不可能存在的事情,如《逍遥游》开篇鱼变鸟、鲲变鹏的神话。想象不讳言自己的假,更不必去冒充真。而利用某些经验要素作故事新编,则

---

[7] 中国思想文献中,理论之辩与台词对话两种体裁各自形成其传统。前者除《公孙龙子》外,还有嵇康的《声无哀乐论》、僧肇的《肇论》等等。后者则有《世说新语》以及禅宗的许多语录。也有许多介于两者之间的作品,如《韩非子》的寓言略偏于后者,《孟子》则偏于前者。不过,这只是初步的划分,更准确的判断仍有待深入的研究。
[8] 注意,本章突出《庄子》的想象问题,并非否定该书包含部分历史资料的记述,以及抽象观念推论的存在。我们或许可以从视角的转移中对后两种现象重新定位。

是为了同经验现实进行更具针对性的对比。假作真时真亦假,最能制造这种真假莫辨效果的意象,莫过于梦。梦的内容没有经验的实在性,所以为假;但人能做梦,做各种离奇古怪的梦这种经验本身,则是真实的。庄子是有梦的人,《庄子》的作者中更不乏说梦的高手:"昔者庄周梦为胡蝶,栩栩然胡蝶也。自喻适志与!不知周也。俄然觉,则蘧蘧然周也。不知周之梦为胡蝶与?胡蝶之梦为周与?周与胡蝶则必有分矣。此之谓物化。"(《齐物论》)这则寓言人物、情节都简单至极。庄周变蝴蝶在经验中不可能,但梦中则为真。里面关键的时刻不在梦,而在觉。这一觉,导出了一个绝大的问题:究竟是有人生才有梦呢,还是做梦才有人生?寓意是,人生整个就是一场梦。而庄与蝶同梦与觉,竟是交叉对应的关系,庄梦则蝶觉,蝶睡则庄醒。其诡异,如艾舍尔那些黑白相间的版画,隐与显两种画面是相互缠绕、相互培衬才存在的。[9] 庄子用梦来点悟人生,庄子的后学则发展为通过说梦来批判人生:

> 庄子之楚,见空髑髅,髐然有形。撽以马捶,因而问之,曰:"夫子贪生失理而为此乎?将子有亡国之事、斧钺之诛而为此乎?将子有不善之行,愧遗父母妻子之丑而为此乎?将子有冻馁之患而为此乎?将子之春秋故及此乎?"于是语卒,援髑髅,枕而卧。夜半,髑髅见梦曰:"子之谈者似辩士,视子所言,皆生人之累也,死则无此矣。子欲闻死之说乎?"庄子曰:"然。"髑髅曰:"死,无君于上,无臣于下,亦无四时之事,从然以天地为春秋,虽南面王乐,不能过也。"庄子不信,曰:"吾使司命复生子形,为子骨肉肌肤,反子父母、妻子、闾里、知识,子欲

---

[9] 参阅侯世达著,郭维德等译:《哥德尔、艾舍尔、巴赫——集异之大成》(北京:商务印书馆,1997年)中的插图及分析。

之乎？"髑髅深矉[颦]蹙额曰："吾安能弃南面王乐而复为人间之劳乎！"(《至乐》)

庄子这次不是变为髑髅，而是与它对话。这是生者与死者对生死意义的探讨。经验中可以有庄子，可以有髑髅，也可能有人把髑髅当枕头，但髑髅不能说话，所以庄子提问而没指望其回答。在梦中，髑髅有了说话的机会。它可以据自己对生死的不同体验，来矫正生者对生存意义的误解。有力的想象，可以在形式的"假"中传递深刻而有感染力的思想。

庄子做不同的梦，而上文提到的"孔子穷于陈蔡之间"的若干故事中，孔子在同一场景竟也可以有换个人似的表现，表明想象有不受经验可能性约束的思想方式。萨特在《想象心理学》中论述说：

> （在想象中）实际上，思想并不是建立在对象上的，或许更应该说是作为对象而出现的。如果一个观念以一系列综合性联结在一起的想象性意识活动为形式得到发展的话，那么，它就会使这种作为意象的对象具有一种活力。它时而表现在这方面，时而又表现在另外的一方面；时而具有这样的确定性，时而又具有别样的确定性。……假如我们是在想象性地对某些个别的对象进行思考的话，那么，将要出现在我们的意识面前的便是这些对象本身。它们的出现也就会如同其实际存在一样，亦即如同具有形式、色彩等等确定性的空间意义上的实在一样。但是，它们却绝不会具有那种知觉对象所特有的个别性与统一性。这里会有一些扭曲之处，会有一种根深蒂固的模糊性，会失去确定性。[10]

---

[10] 让-保罗·萨特著，褚朔维译：《想象心理学》，北京：光明日报出版社，1988年，第176—177页。

简言之，一个有活力的意象，是可以在想象中发展出不同的动态或情节的。而这些不同的情节的产生，可能导致基本形象的前后变化。这大概是就一个人的想象活动而言。如果那个意象（人物或事件）不是某个人想象的产物，而是一个在历史文化中有生命力的图像，那就可能有更多的人来参与发展这个形象，那么这个形象的历史命运便自然会变化多端。这就可以解释，为什么《庄子》中的孔子面貌不一。《庄子》不是一个人的著作，不止孔子，包括他的门徒，还有庄子及其友人如惠施之流，其实都是集体想象的产物。同时，《庄子》中的人物不但多种多样，而且人物关系并非模拟现实时空的那种联系，如写实性的长篇叙事文学那样，因此，人物与人物之间，故事与故事之间，甚至相同人物的不同故事之间，都可以无情节或思想上的联系。有时候，你还可以把它们当作有待加工、整合的素材。即使已经成为经典的篇章，也可作如是观。

下面来看《逍遥游》的篇章结构。《逍遥游》置于《庄子》开篇，它同《齐物论》一样，都是公认的庄子的代表作。但两相对比，则《齐物论》抽象论述多，而《逍遥游》的情节感强。《逍遥游》共有十六章，其排列如下：1. "北冥有鱼，其名为鲲"；2.《齐谐》；3. "且夫水之积也不厚，则其负大舟也无力"；4. 蜩与学鸠；5. "小知不及大知"；6. 汤之问棘；7. 斥鴳笑之；8. 知效一官；9. 列子御风而行；10. "若夫乘天地之正"；11. 尧让天下于许由；12. 肩吾问于连叔；13. 宋人资章甫而适诸越；14. 尧治天下之民；15. 惠子谓庄子；16. 惠子谓庄子。这十六章中，议论性的文字，只有第3、第5、第8与第10，共四章。这些议论性文字也用隐喻而充满意象，但没有情节。其余十二章，均为有角色的故事。但是，这十二个故事与四则议论的排列规则，好像难以掌握。按主题，第1至7章大致可归为"小大之辨"，而最后均以"惠子谓庄子曰"开头的两章，则是"有用无用之辨"。中间从第8到第14章，则主题松散。像第13章"宋人资章甫而适诸越，越人断发文身，无所用之"与第14章"尧治天下之民，平海内之政。往见四子藐姑射之山，汾水之阳，窅然丧其天下焉"虽意象清晰，情节鲜明，但与上下文全不搭界。其实，就是前七章中，第5章的议论所插入的位置，把前后关于鸟的意象分割开来，也是很别扭的。

这种章法散漫的现象，《齐物论》也没能避免。[11]相反，外、杂篇中的作品，如《让王》整个故事系列题材一致，《说剑》则故事单一，结构完整。但两者都被苏轼在《庄子祠堂记》中贬为"浅陋不入于道"[12]。章法不严而能成为名篇被传颂，这一现象可能意味着，读者并不关心文章的谋篇布局，而是对一则则短小精彩的故事或议论有兴趣。而从哪一个故事先读起，问题也不大。假如没有先入为主的看法，我们对《逍遥游》十六章的次序重新编排，相信也能被人接受。这启示我们，《庄子》中的这些名篇，其作者一开始并非把它们分别当作完整独立的文章在短时间内进行创作。很可能是在不同的时间，分别写就一则则独立的故事或议论，然后大致归类，聚章成篇，再冠以篇名。[13]作者、编者、命名者，可能是同一个人（如内篇），也可能是不同的人（如外篇）。[14]这一假设也符合萨特揭示的想象性思维的方式，一个有活力的意象形成后，它会在作者心目中酝酿、发展，甚至变形。同时也可能构思出其他的意象来表达类似或不同的观念，所以读者在《庄子》中读到的是多种复杂的意象系列的交织。[15]我们可以把它当成以

---

[11] 参陈少明《〈齐物论〉及其影响》第16—17页的讨论。
[12] 苏轼著，孔凡礼点校：《庄子祠堂记》，《苏轼文集》（第二册）卷十一，北京：中华书局，1986年，第347页。
[13] 《人间世》中从"匠石之齐，至于曲辕，见栎社树"开始，有一组以树木为意象谈有用无用的故事，共四则，实际就是从《逍遥游》中最后二则"惠子谓庄子曰"的故事变形而来，但被编辑到《人间世》中。
[14] 关于《庄子》流传情况的新研究，可看潘大为的《从汉隋唐宋四代史志所见的〈庄子〉传本》（中山大学2003年硕士论文）。
[15] 先秦到汉代的文献中，可读到很多这类以松散的寓言、故事汇集的作品，如《韩非子》《韩诗外传》《说苑》等等。当时还未形成写长编故事的传统。

蒙太奇方式剪辑的作品，也可以看作以散点透视的方式展示的国画长卷。掌握想象的特点，同理解《庄子》的结构是一致的。

想象不是现实，不能在经验中兑现。想象中消灭的敌人，实际上毫发无损。想象中复活的故人，永无再生的机会。就改变现实的作用而言，想象未必有理智认识的效果。但它具有评价事物与表达情感的力量。想象出卖过自己的朋友时含着憎恨，想象不在场的情人时则怀着眷恋，这是常人的经验。日常性的想象对自己没有多大的影响。而想象远离个人生活的意象，想象重大的、深远的、复杂的或精微的事物，则是对想象者精神世界的拓展。读《庄子》就是进入远离日常生活的思想世界。

3. 故事里的角色

《庄》书中的故事不可能，也没必要在这里全面复述。应该探讨的是这些故事中的结构性要素，不管经验如何变形，它同日常世界有对应的关系。人物永远是故事的中心。《庄子》中的角色，大致可分为四类：第一类是不在场的历史人物，其言行虽未必循日常生活的规则，但基本上没有超人的奇异能力，代表人物是庄子与孔子。第二类是虚构然而同日常世界的芸芸众生，特别是生活在社会边缘的人无多大区别的人物，如《人间世》中的支离疏，《德充符》中的兀者。第三类是史籍中曾出现过，但记载简略或根本就于史无证而往往在故事中扮演着有超凡能力的神话式的人物，如老子、长梧子之类。第四类其实不是人，而是物，如罔两问景中的"罔两"与"景"。由于它们被虚拟为有思想、有言行的存在者，所以也得看成一类"人"。所有的角色都有名字，意象是具体化的。我们暂且把四者分别称为名人、凡人、神人与拟人。设计不同类型的角色，不是缘于创作者的不同，因为《庄子》内篇中就有几种人并存的情况，而且，同一个故事中，也会有不同类型的角色共同参与，可见它也不是创作者兴之所至的结果。在《庄子》的世界，四种角色的功能是有区别的。

离现实距离最远的是拟人。物本是以类的面貌出现在人世的，这块石与那块石，这桶水与那桶水，这阵风与那阵风，这影子与那影子，本身没有独立的感情，不像老子与庄子需要区分看待。引入故事后，其身份仍带有物的特征。例如："罔两问景曰：'曩子行，今子止；曩子坐，今子起。何其无特操与？'景曰：'吾有待而然者邪？吾所待又有待而然者邪？吾待蛇蚹蜩翼邪？恶识所以然？恶识所以不然？'"（《齐物论》）影子的影子（罔两）对影子（景）起止不定很不耐烦，而影子（景）对影子的影子（罔两）则以同样的态度回敬。这便是利用两者的自然特性，来象征一对不即不离又不由自主者的处境及心境。《秋水》中北海若与河伯的关系，则是借河与海容量的对比来喻眼界与胸襟的大小。物与物、物与人都不是可以随便替代的。如果《至乐》中入庄子之梦的不是髑髅，而是石头，它就缺乏那种历经生死的阅历，意味就不一样。而庄周所梦之物如若不是蝶，而是人，像老子或孔子之类，情节的结构虽也无变化，但就大煞风景。以拟人化的物为角色，是哲理性寓言的捷径。

神人与神龙一样，往往见首不见尾，不是活生生的存在。这类人物有几个特点，一是老者，一是隐者，一是奇者。它们遍布于《庄子》内、外篇。《逍遥游》出场的有自命不凡的宋荣子，御风而行的列子，有"肌肤若冰雪，淖约若处子；不食五谷，吸风饮露；乘云气，御飞龙，而游乎四海之外；其神凝，使物不疵疠而年谷熟"的藐姑射神人。还有把天下当礼品来互相推让的尧与许由。《齐物论》出场的则有形如槁木、心若死灰的南郭子綦，表面上"一问三不知"而实际上精神深奥的王倪，以及长梧子。《大宗师》把这些具有魔幻能力的人称为"古之真人"。它们叫神人，叫至人，叫真人，角色大致相通。设计这类角色，是为了表达与世俗相背离的观念："南伯子葵问乎女偊曰：'子之年长矣,而色若孺子,何也?'曰:'吾闻道矣。'南伯子葵曰:'道可得学邪?'曰:'恶!恶可!子非其人也。……'"(《大宗师》)由于"道"所传达的是根本上同世俗价值相对立的观念,要加强其说服力,不能在世俗中寻求支持的力量,只能托之某些古老而神圣的人物。康有为说:"荣古而虐今,贱近而贵远,人之情哉!耳、目所闻睹,则遗忽之;耳、目所不睹闻,则敬异之;人之情哉!……庄子曰:'其言虽教,谪之实也。古之有也,非吾有也。'古之言,莫如先王,故百家多言黄帝,尚矣。一时之俗也。当周末,诸子振教,尤尚寓言哉!"[16]"庄子寓言,无人不托,即老聃亦是托古也。"[17]塑造神人是对人性中深层心理的利用。

《庄子》中的凡人有两个类型,一是支离疏式的:"支离疏者,颐隐于齐[脐],肩高于顶,会撮指天,五管在上,两髀为胁。挫针治繲,足以糊口;鼓筴[策]播精,足以食十人。上征武士,则支离攘臂于其间;上有大役,则支离以有常疾不受功;上与病者粟,则受三钟与十束薪。夫支离其形者,犹足以养其身,终其天年,又况支离其德者乎!"(《人间世》)这种人物在《大宗师》中则有一群:"子祀、子舆、子犁、子来四人相与语曰:'孰能以无为首,以生为脊,以死为尻;孰知死生存亡之一体者,吾与之友矣!'四人相视而笑,莫逆于心,遂相与为友。"以世俗的眼光看支离疏们,可谓既丑且赖,是混日子的人。另一类是庖丁式的:"庖丁为文惠君解牛,手之所触,肩之所倚,足之所履,膝之所踦,砉然向然,奏刀騞然,莫不中音,合于桑林之舞,乃中经首之会。"(《养生主》)此外,《天道》中那个得心应手斫轮于桓公堂前的轮扁,《达生》中那个让孔子惊奇的蹈水有道的泳

---

[16] 康有为:《孔子改制考》,《康有为全集》第3卷,上海:上海古籍出版社,1992年,第59页。
[17] 同上书,第86页。

者,都可归为此类。这些人都是下层劳力者,且都以自己神乎其技的本领去傲视公侯。这两类人本处生活的边缘或下层,但《庄子》的作者们却以反讽或批判的态度,赋予他们与主流或上层社会不同的思想观念与行为方式。而对劳动的态度的区别,可能反映不同作者思想取向的差别。正是凡人的存在,使《庄子》的"人间世"对人更有感召力。

最重要的角色是名人。《庄子》中的名人很多,庄子的朋友或熟人(惠施),孔子的得意门生(颜回、子贡、子路等),还有在史乘中留下名字的显赫过的贵族(齐桓公、管仲)或得道的隐者(伯夷、叔齐),等等。但最引人注目的角色,肯定是孔子和庄子本人。孔子的系列形象是被众多的作者想象出来的,读者一望便知他没有保持统一的人格。前面我们已经以两则"孔子穷于陈蔡之间,七日不火食"的故事为例,指出这形象的矛盾是不同的想象造成的结果。在这两则故事中,孔子在学生面前是老师,而在外人面前则更像学生。这两种身份在《庄子》内外杂篇中,差不多被发展成两个系列。孔子扮为师角色的,还可举《人间世》中的例子。颜回打算到卫国救难,临行前向孔子辞行,孔子苦口婆心加以劝阻,最后引导颜回到"心斋"的修养上去。同一篇中,叶公子高要出使齐国,临行向孔子请教,孔子也深刻地为他分析履行这种外交使命的艰难。但是同样在内篇,《德充符》中的孔子要以"立不教,坐不议"的兀者王骀为师,称"丘将引天下而与从之"。《大宗师》中,孔子则在两个"临尸而歌"的散人面前,对自己不知"礼之意"感到自惭形秽。而在外、杂篇中,孔子整个成了听老聃训话的对象。[18] 其实,两类孔子的想象背后,也可以有共同的观念基础。孔子拜师,所学的固然是道家的思想。但孔子授徒,也不一定是儒家的观念。《人间世》中劝阻颜回的理由就非常道家化:"古之至人,先存诸己而后存诸人。所存于己者未定,何暇至于暴人之所行!且若亦知

---

[18] 孔子请教老子的故事,主要见之《天地》《天道》《天运》《知北游》及《外物》等篇。

夫德之所荡而知之所为出乎哉？德荡乎名，知出乎争。名也者，相轧也；知也者，争之器也。二者凶器，非所以尽行也。"以孔子为老师，是沿用其传统身份而表达非传统的观念；而让孔子当学生，却也符合《论语》中孔子谦虚好学、每事问的性格。传统的孔子人格中的某些因素，在新编的故事中仍有所保留。[19]《庄子》时代，孔子是代表传统的强有力的文化符号，以反讽的方式发展这一形象，对冲击固有的观念，比虚构其他形象更有戏剧性的效果。

接下来得说庄子了。庄子在《庄子》中所占的篇幅，其实没有孔子多。粗略地统计一下，书中涉及孔子的故事，约四十六则，而庄子只有二十六则。但庄子是《庄子》最主要的作者，解读其自我想象以及后学对这一形象的发展，对理解《庄子》意义重大。所以，这个角色得放在上述类型外独立讨论。关于庄子的二十六则故事，分布在十四篇文章中。[20]

《齐物论》："庄周梦为胡蝶"；《逍遥游》："惠子谓庄子曰"。（二则）

《德充符》："惠子谓庄子曰：'人故无情乎？'"

《天运》："商大宰荡问仁于庄子。"

《秋水》："庄子钓于濮水"；"惠子相梁，庄子往见之"；"庄子与惠子游于濠梁之上"。

《至乐》："庄子妻死，惠子吊之，庄子则方箕踞鼓盆而歌"；"庄子之楚，见空髑髅，髐然有形"。

《山木》："庄子行于山中"；"庄子衣大布而补之"；"庄周游于雕陵之樊，睹一异鹊"。

---

[19]《人间世》中楚狂接舆与孔子适楚高歌"凤兮凤兮，何如德之衰也。来世不可待，往世不可追也"的情节，便直接改编自《论语·微子篇》。而《让王》中"孔子穷于陈蔡之间"，向弟子讲的"君子通于道之谓通，穷于道之谓穷"那番话，其发挥也很符合传统的圣人形象。

[20]《天下篇》中提及的"庄周闻其风而悦之"，没有故事情节，故不统计在内。

《田子方》:"庄子见鲁哀公"(儒服)。

《知北游》:"东郭子问于庄子"(道每下愈况)。

《徐无鬼》:"庄子(对惠施)曰:'射者非前期而中谓之善射,天下皆羿也,可乎?'""庄子送葬,过惠子之墓"。

《外物》:"庄周家贫,故往贷粟于监河侯";"惠子谓庄子曰:'子言无用'"。

《寓言》:"庄子谓惠子曰:'孔子行年六十而六十化'"。

《说剑》:庄子说剑。

《列御寇》:"庄子曰:'知道易,勿言难'";"宋人有曹商者,为宋王使秦"(舐痔);"人有见宋王者,锡车十乘。以其十乘骄稚庄子";"或聘于庄子";"庄子将死,弟子欲厚葬之"。

这些内容大致涉及他的生活境况、政治态度及人生智慧,其中有些故事兼顾多方面的问题,有些则较单纯。但不论哪方面都是对庄子人格的刻画。反映其生活困顿的有《山木》的"庄子衣大布而补之",及《外物》的"庄周家贫,故往贷粟于监河侯"。但他自认贫而不惫:"庄子衣大布而补之,正縻系履而过魏王。魏王曰:'何先生之惫邪?'庄子曰:'贫也,非惫也。士有道德不能行,惫也;衣弊履穿,贫也,非惫也,此所谓非遭时也。'"(《山木》)[21] 当宋人曹商炫耀追随"万乘之主而从车百乘者"时,庄子挖苦说:"秦王有病召医。破痈溃痤者得

---

[21]《让王》中有另一故事,台词与此相近,而角色不同:"原宪居鲁,环堵之室,茨以生草,蓬户不完,桑以为枢而瓮牖,二室,褐以为塞,上漏下湿,匡坐而弦。子贡乘大马,中绀而表素,轩车不容巷,往见原宪。原宪华冠縰履,杖藜而应门。子贡曰:'嘻!先生何病?'原宪应之曰:'宪闻之,无财谓之贫,学而不能行谓之病。今宪贫也,非病也。'子贡逡巡而有愧色。原宪笑曰:'夫希世而行,比周而友,学以为人,教以为己,仁义之慝,舆马之饰,宪不忍为也。'"《史记·仲尼弟子列传》承袭此说:"宪摄敝衣冠见子贡。子贡耻之曰:'夫子岂病乎?'原宪曰:'吾闻之,无财者谓之贫,学道而不能行者谓之病。若宪,贫也,非病也。'子贡惭,不怿而去,终身耻其言之过也。"故《庄子》中的故事,未必都凭空想象,而是有可加工的素材。

车一乘，舐痔者得车五乘，所治愈下，得车愈多。子岂治其痔邪？何得车之多也？子行矣！"(《列御寇》)其政治态度很鲜明，就是拒绝政治权力：

> 庄子钓于濮水。楚王使大夫二人往先焉，曰："愿以境内累矣！"庄子持竿不顾，曰："吾闻楚有神龟，死已三千岁矣。王巾笥而藏之庙堂之上。此龟者，宁其死为留骨而贵乎？宁其生而曳尾于涂中乎？"二大夫曰："宁生而曳尾涂中。"庄子曰："往矣！吾将曳尾于涂中。"(《秋水》)

> 或聘于庄子，庄子应其使曰："子见夫牺牛乎？衣以文绣，食以刍菽。及其牵而入于大庙，虽欲为孤犊，其可得乎！"(《列御寇》)

《史记·老子韩非列传》中记载的庄子事迹，就是由上面两条材料剪辑而成的。庄子形象最深刻的一面当然是他的智慧，除了脍炙人口的"庄周梦蝶"、与惠施的"鱼乐之辩"外，下面再举二例：

> 庄子送葬，过惠子之墓，顾谓从者曰："郢人垩慢其鼻端若蝇翼，使匠石斫之。匠石运斤成风，听而斫之，尽垩而鼻不伤，郢人立不失容。宋元君闻之，召匠石曰：'尝试为寡人为之。'匠石曰：'臣则尝能斫之。虽然，臣之质死久矣！'自夫子之死也，吾无以为质矣，吾无与言之矣！"(《徐无鬼》)

> 庄子将死，弟子欲厚葬之。庄子曰："吾以天地为棺椁，以日月为连璧，星辰为珠玑，万物为赍送。吾葬具岂不备邪？何以加此！"弟子曰："吾恐乌鸢之食夫子也。"庄子曰："在上为乌鸢

食，在下为蝼蚁食，夺彼与此，何其偏也。"（《列御寇》）

两则故事都涉及死。庄子不是神人，同其他凡人一样得面对死亡。前则故事是莫逆于心的朋友死了，孤独的天才怀着深深的伤感。后则故事却充满喜剧色彩，考虑的问题是，自己的尸体得让不同的昆虫都能分享才是公平的。你说，这个人活着的时候，会乏味，会堕落吗？

庄子的系列形象不是出自一个人的手笔，但情节生动，性格统一。他不像老子那样具有神魅的色彩，富有人间情味；也不像孔子那样成为不同作者笔下的玩偶，有一种人格的力量。这启发我们，众多的作者集合在"庄子"的名义下发表各种不同甚至有些互相冲突的见解，其共同的思想取向，可能就体现为庄子的人格。而庄子体现的价值信念，又与《庄》书中许多思想观念（如支离疏式的生活态度）是对立的。这提醒读者必须加以辨别，《庄子》中那种对浊世虚与委蛇的态度，究竟是反讽的手段，还是绝望的选择？在想象的世界，依然有它的价值信念。

4．想象的世界

《庄子》不是理论著作，它对世界的看法是通过想象展示的。理论的建立必须先寻找一些观念作为前提，表明这些前提被接受或推荐给大家的理由，它是判断或建设美好生活的原则。同时，还要对社会的构成及运转的条件进行分析，以评价现有的状况或提出建设的目标。最后还得对个人的观念与行为规范提出同理想制度一致的要求。基本特点是把思考概念化，同时注重整体的一致性。这一点，古今所讲的大道理，形式上无多大不同。与庄子同时的孟子，就是这种讲大道理的人。他先从人的感官有共同的取向入手，揭示有共同的人性。再以面对"孺子将入于井"的情境做思想实验，显示人性的本质就是善的，并由此提出建立仁政的政治理想,同时也号召人通过自我修养把人性中的善发扬光大。其目标雄伟而富于道德热情,但实际上,是对传统的秩序在理想化的意义上予以肯定。建立理论的方式也是一种肯定性的思想方式。庄子对人性的同一性、对社会的统一性都怀着深刻的不信任,所以他不忙于推出社会重构的新方案。他要看,带着异样的眼光捕捉生活中片断的图景,然后剪辑展示给我们。

在庄子们看来,几乎世俗的所有立场都是错位的。先从自我的信念说起:自我意识是生命意识中最根本的意识,每个人都对自我有内在的确定性的体验。庄周梦蝶从根本上怀疑这一信念,这样就再没有什么新想法是不可能的了(《齐物论》)。死亡是人生最难面对的前景,髑髅则入梦说,生比死更可怕(《至乐》)。同样,有完好的体魄未必比残疾者有更健全的人生,庄子笔下的许多兀者同时都是得道者(《德充符》)。日常生活中,有用无用是选择的准则,但判断的结果却屡屡出错:宋人运衣饰到越贩卖,可"越人断发文身,无所用之"(《逍遥游》)。世俗之防盗方式是把货藏好把箱锁好,可大盗一来,正好整箱抬走(《胠箧》)。许多自以为得计的伎俩,往往是东施效颦,弄巧成拙(《天运》)。不只常识会出错,严肃的道德规则也会变形。成田子盗国,篡夺政治权力是最大的不道德。可窃取成功之后,则连整个国家的礼法都据为己有,成为其权力的护身符。"窃钩者诛,窃国者为诸侯。"道德本是谴恶扬善的,可"盗亦有道",抢掠冲前就是勇,坏人也可利用它做坏事(《胠箧》)。政治则更是玩命的把戏:"越人三世弑其君,王子搜患之,逃乎丹穴。而越国无君,求王子搜不得,从之丹穴。王子搜不肯出,越人熏之以艾。乘以王舆。王子搜援绥登车,仰天而呼曰:'君乎君乎!独不可以舍我乎!'"(《让王》)那些自以为是的权势者,其实就像臭虫:"濡需者,豕虱是也,择疏鬣自以为广宫大囿。奎蹄曲隈,乳间股脚,自以为安室利处。不知屠者之一旦鼓臂布草操烟火,而己与豕俱焦也。"(《徐无鬼》)

《庄子》看事物，否定的一面比肯定的一面多。然肯定的内容虽不多，却很重要。它不是权力，不是财富，不是道德，而是性情：

> 孔子谓颜回曰："回，来！家贫居卑，胡不仕乎？"颜回对曰："不愿仕。回有郭外之田五十亩，足以给饘粥；郭内之田十亩，足以为丝麻；鼓琴足以自娱；所学夫子之道者足以自乐也。回不愿仕。"孔子愀然变容曰："善哉回之意！丘闻之：'知足者不以利自累也；审自得者失之而不惧；行修于内者无位而不怍。'丘诵之久矣，今于回而后见之，是丘之得也。"（《让王》）

> 庄子与惠子游于濠梁之上。庄子曰："鯈鱼出游从容，是鱼之乐也。"惠子曰："子非鱼，安知鱼之乐？"庄子曰："子非我，安知我不知鱼之乐？"惠子曰："我非子，固不知子矣；子固非鱼也，子之不知鱼之乐，全矣！"庄子曰："请循其本。子曰'汝安知鱼乐'云者，既已知吾知之而问我。我知之濠上也。"（《秋水》）

这两则对话分别安排在孔子与颜回、庄周与惠施，两对大名鼎鼎的人物之间，内容一是言志，一是聊天，但共同的话题就是乐。师友之间谈生命之乐。"师友""谈""乐"三个关键词，可以概括故事的象征意义。"师友"是一种理想的人事关系，它排除了君王、英雄、道德家这类代表传统主流价值的人物。师不是身份，而是能力。按实际关系孔子是师，颜回是生，但在这一对话关系中，孔子对颜回表达的想法心悦诚服，也是学习者。两人变成互为师生的关系。只要你肯学，庖丁、轮扁之流也可以为师。庄子与惠施的关系，统观《庄子》全书，除《秋水》"惠子相梁，庄子往见之"一事外，可谓莫逆于心。《庄子》中有不少重要的谈伴，如南郭子綦与颜成子游，啮缺与王倪，尧与许由，等等。"谈"（包括辩）是朋友间最基本的交往，许多对宇宙人生的洞见,就是这样谈(或辩)出来的。"乐"不仅是论题,而且有友可倾谈,本身就是生活的享受。所以惠施去世,庄子便感叹失去辩友的孤独。

《庄子》中肯定性的思想应该不只这么少,但其他没那么重要,或与此不一致。由于需要否定的对象充斥着实际生活,所以表达否定思想的内容自然具体而丰富。而庄子欲肯定者,则非生活的常态。同时,许多对人生有危害的传统观念与行为,开始也常以冠冕堂皇的面貌出现,这会使庄子有所警惕,在表达肯定的想法时变得谨慎些。我们说,《庄子》在想象一种生活方式,不只是说《庄子》的内容是故事化的,而且是说庄子及其追随者所描绘的生活前景是不现实的。不现实包括缺少实践经验,也包括其价值信念缺少坚实的生活基础。严格说,它应该是想象不一样的生活方式。[22]

《庄子》中似乎存在着两个世界。一个是抽象的世界,其内容主要体现在神人与拟人两类角色身上。神人加强道的神秘性,就如南郭子綦对天籁的摹状那样;拟人则把哲理戏剧化,如罔两问景。另一个是具体的世界,它是凡人与名人一齐遭遇的人间。这个世界的人并不都纯洁(孔子)、睿智(庄子),有无知的(子路),有自大的(子产),[23]有委琐的(支离疏),也有蛮横的(盗跖)……人间世自然什么人都有。而在想象的世界,没有配角就没有主角。他们是用来陪衬

---

[22] 近来不少作者强调庄子的思想方式同春秋战国时代隐者的生活方式的关系,有些有启发性的分析,如颜世安的《庄子评传》(南京:南京大学出版社,1999年)、王博的《庄子哲学》(北京:北京大学出版社,2004年)。庄书以隐者为示范,在他想象的世界,便有以边缘为中心的意图。

[23] 申徒嘉,兀者也,而与郑子产同师于伯昏无人。子产谓申徒嘉曰:"我先出则子止,子先出则我止。"其明日,又与合堂同席而坐。子产谓申徒嘉曰:"我先出则子止,子先出则我止。今我将出,子可以止乎?其未邪?且子见执政而不违,子齐执政乎?"申徒嘉曰:"先生之门固有执政焉如此哉?子而说子之执政而后人者也。闻之曰:'鉴明则尘垢不止,止则不明也。久与贤人处则无过。'今子之所取大者,先生也,而犹出言若是,不亦过乎!"(《德充符》)

得道者或正在觉悟的人。所以，拟人、神人、凡人与名人，常会置身一个舞台，合演一出戏。生活方式不同于社会制度，更不是观念性的社会理想。它要展示的是日常生存经验，就如与阳光、空气、水接触一样，大多数人每天都要谋生劳作，都要与接近的人（师长、亲属、同伴、上司、竞争对手）打交道，都需要爱、需要尊重、需要互相交流，都有想法、会做梦，都会嬉笑怒骂、唉声叹气，都有伤病以至面对死亡的经验……读者不必修过专业的哲学课程，也不必经验过完全相应的角色，绝大多数的故事都能唤起你对所描述的情境的想象，并引起不同程度的情感反应。

想象的世界偶尔也有些虚无缥缈的幻象，但不是主要内容。"人间世"依然保留着历史世界的基本要素，没有这些要素，想象就不是人的想象，更非为人而想象。只是这些要素在《庄子》中，被重新配置了。其中，有不断重构的故事，有剪辑错了的情节，有动画片式的配音，甚至有些幕后的花絮，合起来汇成奇异的效果。要把"百姓日用而不知"的事情调动起来，捕捉者需要异样的眼光，否则就是记录生活的流水账。这异样的眼光背后，是庄子们的思想中执有的道理。这些道理可能太抽象或太与众不同，直白地说出来，效果可能无法同孟子式的大道理比，所以要换一种方式。道理不是藏起来，而是配置到故事之中。先读故事，相信多数人都对生活中的善与恶有一种深度的直觉。没有这种直觉，再大的道理也没用。这些故事是来瓦解现成的大道理的。至于本身隐含的道理，读者能领会固然好。不然，对《庄子》深入求解的任务，留给学者或哲学家好了，不要让它破坏读《庄》的快乐。

5．政治与哲学

政治很现实，如何进入想象中？思想家的想象往往不是为了愉悦，而是为了对生活表达态度。常见的方式是,生活中缺什么就想什么,另一种方式则是,生活中存在什么便否定什么。庄子最擅长后者,特别是想及政治的时候。《人间世》所描绘的整个就是政治肆虐的世界:暴君无道,生灵涂炭。即使所谓明君贤臣,也会为虚名而走极端,混淆视听,作践百姓。正常的人进入政治,就是置身危机四伏的险境。所以,面对政治,孔子教人的,不再是建功立业、舍生取义,而是生命如何自保:"先存诸己而后存诸人。"

《庄子》中,庄、孔两个形象对政治都是以否定性的面貌出现,但两者风格略不同。庄子一副毫不妥协的拒斥权势、逃避政治的姿态。他以楚相之位为"衣以文绣,食以刍叔"的牺牲品,挖苦权势的受宠者是以为君王舐痔为代价换取的,甚至对惠施也不留情:"惠子相梁,庄子往见之。或谓惠子曰:'庄子来,欲代子相。'于是惠子恐,搜于国中三日三夜。庄子往见之,曰:'南方有鸟,其名为鹓鶵,子知之乎?夫鹓鶵发于南海而飞于北海,非梧桐不止,非练实不食,非醴泉不饮。于是鸱得腐鼠,鹓鶵过之,仰而视之曰:吓!今子欲以子之梁国而吓我邪?'"(《秋水》)把惠施的恋位比为窃得腐鼠的鸱,自己则以高傲的鹓鶵自况。相对而言,孔子的政治面貌则有较多层次。正如其弟子说的,"夫子再逐于鲁,削迹于卫,伐树于宋,穷于商周,围于陈蔡"(《让王》),有的是挫折、失望的政治经验。因此,除了想象他面对困境可能表现的不同态度外,《庄子》还让孔子诲人不倦地一再诉说政治的险恶。叶公子高被派出使齐国,很担忧不能完成使命,向孔子请教。孔子除向他讲了一番君臣之义,"无所逃于天地之间"的大道理外,还提醒他外交上传言有多艰难:"凡交近则必相靡以信,远则必忠之以言。言必或传之。夫传两喜两怒之言,天下之难者也。夫两喜必多溢美之言,两怒必多溢恶之言。凡溢之类妄,妄则其信之也莫,莫则传言者殃。故法言曰:'传其常情,无传其溢言,则几乎全。'"(《人间世》)

《让王》充斥着逃避政治负担与风险的故事：尧与舜想让天下，首先要找可以信任的人，但找到一个逃一个，这是不愿为政治而负累。其中，善卷的回答很传神："余立于宇宙之中，冬日衣皮毛，夏日衣葛絺。春耕种，形足以劳动；秋收敛，身足以休食。日出而作，日入而息，逍遥于天地之间，而心意自得。吾何以天下为哉！悲夫，子之不知余也。"而"越人三世弑其君，王子搜患之，逃乎丹穴，而越国无君"，则是害怕政治的风险。君王有险，臣民也有难，列御寇拒领国君的馈赠，理由是："君非自知我也，以人之言而遗我粟；至其罪我也，又且以人之言，此吾所以不受也。"他担心，哪一天有人向国君打小报告，而君也信其言，就死定了。

那些喜欢玩政治的人，如果看到有《应帝王》的篇目，就以为从《庄子》中能寻到权力的秘诀，那一定会失望。什么"顺物自然而无容私"，"功盖天下而似不自己，化贷万物而民弗恃"，确有些玄而不经，大而无当。其实，庄子们对政治的认知一点也不幼稚，不信我们来读管仲向桓公建议选自己接班人的故事：

> 管仲有病，桓公问之曰："仲父之病病矣，可不讳云，至于大病，则寡人恶乎属国而可？"管仲曰："公谁欲与？"公曰："鲍叔牙。"曰："不可。其为人洁廉，善士也；其于不己若者不比之；又一闻人之过，终身不忘。使之治国，上且钩乎君，下且逆乎民。其得罪于君也将弗久矣！"公曰："然则孰可？"对曰："勿已则隰朋可。其为人也，上忘而下畔，愧不若黄帝，而哀不己若者。以德分人谓之圣；以财分人谓之贤。以贤临人，未有得人者也；以贤下人，未有不得人者也。其于国有不闻也，其于家有不见也。勿已则隰朋可。"（《徐无鬼》）

在鲍叔牙与隰朋之间，管仲要后者而不要前者，理由是前者太清高，太清高的人不适合干政治。几千年前是这样，今日也是这样。所以，《庄子》缺乏切当的政治建言，不是作者们的智力原因，而是立场的问题。

庄子们的治道，所谓无为之道，基本上就是不要政治。与先秦诸子比，孔孟视政治为自然存在，关心的是好政治与坏政治，尤其是好政治家与坏政治家的区分问题；荀子则提出政治的基本论证，即回答为什么要有政治；而韩非则把政治理解为权术。什么是政治？政治就是由于社会安全原因而进行的人对人的控制，它是制度化的设施。抛弃制度建设的政治，实际就是拒绝政治。不要政治的主张，只存在于想象中，而不是表达在逻辑上，更非存在实践的机会。但这不意味着反政治的观点对政治就没有价值。只有对政治的危害有深刻的认识，"不可避免的罪恶"才有缩小或减轻的可能。20世纪对政治有切身体会的思想史家徐复观，对政治有这样的感言："一般的说，若某一个时代，许多人都意识的想离开政治，这必定是一个不幸的时代。若某一个人是意识的想离开政治，这必定是一个不幸的人生。"[24]"相反地，若是大多数人都直接卷入于政治之中，这也多半是一种不幸的时代；若是一个人，把他的全部生命都投入于政治之中，也是一种不幸的人生。"[25] 反政治的哲学，不管是批判具体的政治，还是否定一般的政治，都可以是政治哲学。

政治如何能想象，是一个问题。而想象如何是哲学，又是一个问题。两者都指向对想象的特征的理解，但问题的性质不一样。第一个问题是现实与观念的冲突，第二个问题是图像与推理的两分。我们习惯认为，哲学不想象。所以，有人称《庄子》思想是"哲思"："'哲学'源自古代希腊，是西洋的特有学问，拥有明晰的逻辑、分析、系

---

[24] 徐复观：《政治与人生》，见《学术与政治之间》，台北：学生书局，1985年，第95页。
[25] 同上书，第96页。

统,是个专门学问。'哲思'就不同了。它是人类共有的深长的熟虑明悟,是我们一切有意识的言行处世的骨干精髓,遍满艺术感触,文章推理,日常处事。吾国宏远的文史富有哲思,煌烈的行迹显示哲思,哲学是哲思行为之一。"[26]《庄子》就是"体察实际人生里无常的隐义,将它表达出来,使人了解"的哲思,也是一种马赛尔(Gabriel Marcel)所说的"具体的哲学"。[27]我想把这个区分说简明点,称作哲学理论与哲学观念,或哲学与哲理。哲学观念是对宇宙、人生或社会中某些根本性的问题的观点,哲学理论就是对哲学观念的学理化表达。没有哲学观念就没有哲学理论,但哲学观念不一定表现为哲学理论,它可以体现为常识,表现为诗、寓言、戏剧,也可能存在于其他的知识分支。依此,《庄子》既有哲理,也有哲学。

不过,《庄子》哲学不是西方哲学意义上的形而上学,而是一种人生观。最能体现其思辨技巧与思想深度的哲学篇章是《齐物论》。《齐物论》的论题包含齐"物论"、齐万物与齐物我三个层次,涉及是非、有无与物我三对概念范畴:"齐物论是对各种思想学说,进行一种哲学批判,其重点不在是非的标准,而是对争是非本身的正当性的质疑。齐万物则要求人的世界观的转变,放弃任何自我中心的态度,看待万有的自然性与自足性,把是非转化成有无问题,具有从认识论向本体论过渡的意味。齐物我是前二者的深入,它所涉及的心物关系不是认识论而是生存论问题,本体论上化有为无,就是表现在生存论上的丧我与无为,它是导向另一种生活方式的信念基础。"[28]这是按传统的哲学史研究方式,以《齐物论》中的观念议论为中心,同时配合其他体现在故事情节中的观点,演绎的抽象观念。不感受《庄

---

[26] 吴光明:《庄子》,第1页。
[27] 同上书,第39页。
[28] 陈少明:《〈齐物论〉及其影响》,"引言"第5页。

子》描绘的生活方式,我们就无法理解"道"所体现的否定性的思想倾向。

故事中的哲理比构造出的哲学更有感召力。哲理就体现在角色的生活方式,即日常行为中,而且最主要是体现在台词中。故事里的聪明人,既不喜欢权力,又不重视金钱,故除了谋生的劳作外,最喜或最常做的事,就是聊天或者对话。所说的内容,不是想纠正流俗的观念,就是抒发对生活的心得。不但白天谈,晚上做梦也谈。谈伴很重要。像惠施那样高水准的辩友就不易找,故庄子对他的死,要发出"自夫子之死也,吾无以为质矣,吾无与言之矣"的感叹。西哲苏格拉底说,未经反省的人生是没有价值的。庄子们所谈的内容,都可归结为对人生的反省。想想颜回对孔子说的不愿出仕的理由,读读髑髅如何对庄子谈生与死的体验,再听听庄子与惠子在濠上的"鱼乐之辩",就可以明白这一点:《庄子》所描绘的生活方式,也不是普通人而是哲人的生活方式。《庄子》的哲学,不管是观念还是理论,其实就是人生哲学。庄子谈政治,即在为人生划界。混入政治的人生,既不美好,更不纯洁。现实的政治中没有明君,想象的世界也不必有哲学王。哲学可以谈政治,但哲人与政客不会沆瀣一气。

结　语

萨特用现象学的语言说:

> ……想象并不是意识的一种偶然性的和附带具有的能力,它是意识的整体,因为它使意识的自由得到了实现;意识在世界中的每一种具体的和现实的境况则是孕育着想象的,在这个意义上,它也就总是表现为要从现实的东西中得到超脱。……所以,它在每时每刻也总是具有着造就出非现实的东西的具体的可能性。而

这些也就是多样的动因,这些动因在每时每刻都决定着意识是否要仅仅得到实现或者说它是否要去从事想象。非现实的东西是在世界之外由停留在世界之中的意识创造出来的;而且,人之所以能够从事想象,也正是因为他是超验性自由的。[29]

想象对现实,既是否定的,也是超越的。《庄子》召唤的想象,不一定使你在现实中昂扬,但会阻止你在精神上沉沦。

(原载《开放时代》,2004年第6期)

---

[29] 让-保罗·萨特著,褚塑维译:《想象心理学》,第281页。

四 | **历史的寓言化**
对《庄子》历史论述的一种解读

    尽管老子出身史官,尽管庄子讲的历史故事,洋洋大观,从三代圣贤、春秋君臣、孔门师弟,到各种或著诸史乘或不见经传的隐者、凡人甚至暴君、小人,远超过先秦其他家派的论述,但道家对中国史学的贡献,很少为人称道。不像儒家,不但《春秋》著作权往往归属圣人,司马迁更把自己的史公事业同继承孔子的精神传统联系起来,而对道家同史学的联系,则甚少置喙。[1]然而,在哲学领域,儒道争雄,几乎旗鼓相当。[2]章太炎就在史学上推崇儒家,强调"孔氏之教,本以历史为宗"[3];而在哲学上则心仪道家,甚至"以为仲尼之功,贤于尧、舜,其玄远终不敢望老、庄"[4],所以有自誉为一字千金的《齐物论释》之作。本章以《庄子》寓言为对象,试析为什么大谈历史的庄子,其贡献竟然与史学无缘。这背后不仅关乎对历史的态度与史学的特征,同时还依托着人生的体验与哲学的立场。换言之,对庄周历史论述的解读,同时也将加深对其哲学特质的认识。[5]同《论语》比较,

---

[1] 《史记·太史公自序》。
[2] 陈鼓应先生就撰有《论道家在中国哲学史上的主干地位》,载《老庄新论》,上海:上海古籍出版社,1992年。
[3] 章太炎:《章太炎全集》第四卷,上海:上海人民出版社,1985年,第371页。
[4] 章太炎:《自述思想变迁之迹》,载朱维铮、姜义华编注:《章太炎选集》,上海:上海人民出版社,1981年,第590页。
[5] 本章视《庄子》为庄子学派的作品,故所论为庄子及其追随者的基本思想。这意味着,与内篇一致或相关的思想,均为可采集的数据,同时也承认例外者的存在。

是我们进行分析的方便途径。

1．历史的寓言化

《庄子》的精彩与神奇，同其独特的言说方式相关。庄子有专篇《寓言》，向读者揭示其论说手法：

> 寓言十九，重言十七，卮言日出，和以天倪。寓言十九，藉外论之。亲父不为其子媒。亲父誉之，不若非其父者也。非吾罪也，人之罪也。与己同则应，不与己同则反；同于己为是之，异于己为非之。重言十七，所以已言也，是为耆艾。年先矣，而无经纬本末以期年耆者，是非先也。人而无以先人，无人道也；人而无人道，是之谓陈人。卮言日出，和以天倪，因以曼衍，所以穷年。(《寓言》)

这就是著名的"三言"说。按其解释，"寓言"是借助他人（或他物）之口来表达思想，目的是标榜客观，取信于人。而"重言"则是借先人或前辈之口所表达的思想，前人的话往往是经验之谈，假托前人，同样想避免主观臆想的嫌疑。这样说，寓言与重言不是并立的，前者包含着后者。故有人认为，寓言十九与重言十七，系分别就各自与全部言说的比例而言的。[6] 依寄寓的人物不同，或许可区分为：寓物的寓言，如罔两问景，还有寓人的寓言。而在寓人的寓言中，则有在世的人如庄子与惠施之类，以及往世的前人如老子与孔子之辈。后者叫作"重言"，也就是《庄》书中的历史故事。至于"卮言"，这里

---

[6] 参杨儒宾：《庄子的"卮言"论——有没有道的语言》，刘笑敢主编：《中国哲学与文化》第二辑，桂林：广西师范大学出版社，2007年，第27—28页。

没有直接的界说,字面看似乎也可理解为寓言与重言推演的思想内容。"卮言"与问题的讨论相关,容后再说。

《庄子》讲述的历史故事中,人物包括三代圣贤(尧、舜、禹,伯夷、叔齐,微子、箕子、比干,周公)及暴君(桀、纣),春秋时代君相(齐桓公、管仲),诸子及门人(老、孔、墨,孔门弟子),等等。其中,孔子是核心人物。与孔子有关的故事,有四十二则之多,而庄子本人则只占二十六则,可见前者分量之重。从人物关系而言,最突出者有两类。一类是孔老关系,一类是孔门师弟关系。涉及孔老关系者,几乎都是孔子向老子问学,或与老子论学而幡然醒悟的情形,内容则聚焦在仁义道德的争辩上。相关故事较集中者,如《天运》篇便有四则之多。其中一则曰:

> 孔子见老聃归,三日不谈。弟子问曰:"夫子见老聃,亦将何规哉?"孔子曰:"吾乃今于是乎见龙!龙,合而成体,散而成章,乘云气而养乎阴阳。予口张而不能嗋。予又何规老聃哉!"子贡曰:"然则人固有尸居而龙见,雷声而渊默,发动如天地者乎?赐亦可得而观乎?"遂以孔子声见老聃。(《天运》)

《史记·老子韩非列传》述孔子向老子问礼,归来对弟子说:"鸟,吾知其能飞;鱼,吾知其能游;兽,吾知其能走。走者可以为罔,游者可以为纶,飞者可以为矰。至于龙,吾不能知其乘风云而上天。吾今日见老子,其犹龙邪!"[7]这种五体投地,视老子为龙的意象,大概从《庄子》脱胎而来。《庄》书之前,未见谁有这种说法。

孔门师弟的关系,在《庄子》的讲述中,内容比《论语》更丰富。一方面,教导弟子的思想目标,起了明显的变化。在《人间世》中,

---

[7] 《史记·老子韩非列传》,第 2140 页。

当颜回向孔子请愿，准备赴汤蹈火到卫国救苦救难时，孔子毅然出面阻止。而且，其阻止的理由竟是出于对知与名甚至仁与义这些《论语》中一再提倡的观念的反感：

> 仲尼曰：嘻！若殆往而刑耳！夫道不欲杂，杂则多，多则扰，扰则忧，忧而不救。古之至人，先存诸己而后存诸人。所存于己者未定，何暇至于暴人之所行！且若亦知夫德之所荡而知之所为出乎哉？德荡乎名，知出乎争。名也者，相轧也；知也者，争之器也。二者凶器，非所以尽行也。且德厚信矼，未达人气，名闻不争，未达人心。而强以仁义绳墨之言术暴人之前者，是以人恶有其美也，命之曰菑人。菑人者，人必反菑之，若殆为人菑夫！（《人间世》）

另一方面，不像《论语》中弟子问、老师答那种教导模式，在庄子的导演下，师徒关系也不妨换换位。颜回就不止一次充当"师"的角色，甚至连"坐忘"这么重要的观念，也是通过他开示给孔子的：

> 孔子谓颜回曰："回，来！家贫居卑，胡不仕乎？"颜回对曰："不愿仕。回有郭外之田五十亩，足以给饘粥；郭内之田十亩，足以为丝麻；鼓琴足以自娱；所学夫子之道者足以自乐也。回不愿仕。"孔子愀然变容曰："善哉回之意！丘闻之：'知足者不以利自累也，审自得者失之而不惧，行修于内者无位而不怍。'丘诵之久矣，今于回而后见之，是丘之得也。"（《让王》）

> 颜回曰："回益矣。"仲尼曰："何谓也？"曰："回忘仁义矣。"曰："可矣，犹未也。"他日，复见，曰："回益矣。"曰："何谓也？"曰："回忘礼乐矣。"曰："可矣，犹未也。"他日，复

见,曰:"回益矣。"曰:"何谓也?"曰:"回坐忘矣。"仲尼蹴然曰:"何谓坐忘?"颜回曰:"堕肢体,黜聪明,离形去知,同于大通,此谓坐忘。"仲尼曰:"同则无好也,化则无常也。而果其贤乎!丘也请从而后也。"(《大宗师》)

变化的总方向,是从儒家变成道家。在《庄子》中,孔子不是完成道家的转变,成为另一位道家的教师爷,就是在弟子或其他人的影响下,开始向道家转变的过程。作为寓言,《庄》书的作者或编者,根本就不打算掩饰故事虚构的性质。以孔子厄于陈、蔡之间的系列故事为例,《论语·卫灵公》记:"在陈绝粮,从者病,莫能兴。子路愠见曰:'君子亦有穷乎?'子曰:'君子固穷,小人穷斯滥矣。'"《庄子》则续编若干以"孔子穷于陈、蔡之间,七日不火食"为背景的故事,内容既有弟子对老师的不理解,而经老师批评指点醒悟激昂起来(《让王》),也有孔子自己经不起考验,而被道家人物引诱逃逸的结局(《山木》)。[8] 同一题材,内容迥异而能并存,说明编者并不想隐瞒其"编"的性质。这也是寓言不同于历史叙述之处。

然而,把历史寓言化,同非历史寓言相比,仍呈现某种"历史"的特征。它包括两个方面:保留与文献相关联的情节线索,与保持历史人物的身份认同。《庄子》的孔子故事,不少线索来自《论语》,除上述"厄于陈、蔡"可以追溯到《卫灵公》外,我们还可以从《人间世》楚狂接舆的描述,联系到《论语·微子》篇的记载:

孔子适楚,楚狂接舆游其门曰:"凤兮凤兮,何如德之衰也!来世不可待,往世不可追也。天下有道,圣人成焉;天下无

---

[8] 参陈少明《孔子厄于陈、蔡之后》,载《经典世界中的人、事、物》,上海:上海三联书店,2008年。

道,圣人生焉。方今之时,仅免刑焉。福轻乎羽,莫之知载;祸重乎地,莫之知避。已乎已乎,临人以德!殆乎殆乎,画地而趋!迷阳迷阳,无伤吾行!吾行郤曲,无伤吾足!"(《人间世》)

楚狂接舆歌而过孔子曰:"凤兮凤兮!何德之衰?往者不可谏,来者犹可追。已而,已而!今之从政者殆而!"孔子下,欲与之言。趋而辟之,不得与之言。(《论语·微子》)

相同的人物关系,类似的话语形式,但"往者不可谏,来者犹可追"被转换为"来世不可待,往世不可追"之后,味道就变化了。这种线索运用巧妙的话,造成特殊的阅读效果。保留历史人物的身份认同,具有同样的意义。尽管孔子正在学习或已经学成道家式的人物,但其基本身份与文献和《论语》所载是保持一致的。他是儒家的宗师,高举仁义的大旗,个人品德高尚,与颜回、子贡、子路等人有亲密的师生关系,等等。这些因素保留越多,人物越真实,为道家代言的价值就越大。以孔子反视颜回为师的态度为例,恰好体现孔子原有谦虚好学、从善如流的品格。不仅孔子,孔门其他弟子的身份认同也是如此。《论语》中,回、赐、由的特性分别与仁、智、勇有相应之处,[9]《庄子》作者也将其保留下来。《论语》中孔子赞颜回安贫乐道,《让王》篇颜回不出仕的理由是能够自足、自娱、自乐,可见后者也是发挥前者而来。还有子贡,其智表现在博学多识,能言善辩。《庄子》派给他的差事,也考虑到了他的高智商条件。如《天地》篇让他劝老农用机械代替人力灌溉,就体现他的效率意识,然而以其聪明而遭受老农"有机械必有机事,有机事必有机心"的批判,在反对儒家上就更有象征意义。另外,上引《天运》篇,在提及孔子向弟子表达对老子

---

[9] 参陈少明《孔门三杰的思想史形象》,载《经典世界中的人、事、物》。

近乎五体投地的崇拜后,子贡不信,自己暗地登门讨教,也是他过于自信、敢于逞能的表现。

不是所有的寓言都得借助历史题材,然而运用历史就得将其利用价值充分开发,任意指派古人,不见得都能完成好任务。即使在《庄子》中,不同历史寓言的水平,也是有程度的差别的。苏轼在《庄子祠堂记》中,就认为《说剑》《让王》二篇"皆浅陋不入于道"[10]。就如现代选择产品代言人一样,不同的产品考虑不同类型的明星,不懂得这个道理,或者达不到要求,结果都是花冤枉钱而不讨好。

2. 非历史的历史观

上面以孔门师徒的故事为题,揭示《庄子》讲述历史寓言的基本手法,以及相应的思想倾向。但是,这只能说明《庄子》的作者们,在与儒家的思想争锋中采取过这种论述策略,却不能证明儒家或其他家派就没有把历史寓言化。事实上,我们也能列举其他各家包括儒家对历史进行改编的事实,只不过各自依托的思想立场不同罢了。[11]因此,要说明庄子学派把历史寓言化不仅是一种论述策略,更是对历史的基本态度,就还需要进一步的分析。最好的办法,是把《庄子》同儒家,尤其是《论语》关于历史的观点做一比较。理由在于,《庄子》(即使是寓言化)的历史论述,往往以《论语》为参照对象,客观上为这种比较提供简便的途径。

儒以《诗》《书》礼乐教。孔子在中国文化中起着继往开来的关键作用,表现在《论语》中,便是传经论史。礼乐是制度文化,《诗》

---

[10] 苏轼著,孔凡礼点校:《庄子祠堂记》,《苏轼文集》(第二册)卷十一,第347页。
[11] 参陈少明《〈论语〉"外传":对孔门师弟传说的思想史考察》,载陈少明编:《思史之间:〈论语〉的观念史释读》,上海:上海三联书店,2009年。

《书》则为经典文化。言《诗》是引经据典，而传《书》则包含在对古代事件人物的评论中。所传人物，基本是圣人与仁人。前者的代表是尧舜禹汤文武，后者则包括"殷有三仁"及泰伯、伯夷、叔齐、周公、管仲之流。而主题是德治，尤其是赞美禅让这种权力移交的道德方式。上列人物或事件，《庄子》几乎都有一套不同的论述。对尧舜禹，在《论语·泰伯》中，孔子反复用"巍巍乎"盛赞圣贤们堪称功比天高的治天下及让天下的功德，包括赞"泰伯，其可谓至德也已矣！三以天下让，民无得而称焉"。但《庄子》的故事，则把这些圣人对权力的禅让，贬为本领或道德不足而不得已的行为。兹举二例：

尧让天下于许由，曰："日月出矣而爝火不息，其于光也，不亦难乎！时雨降矣而犹浸灌，其于泽也，不亦劳乎！夫子立而天下治，而我犹尸之，吾自视缺然。请致天下。"许由曰："子治天下，天下既已治也。而我犹代子，吾将为名乎？名者，实之宾也。吾将为宾乎？鹪鹩巢于深林，不过一枝；偃鼠饮河，不过满腹。归休乎君，予无所用天下为！庖人虽不治庖，尸祝不越樽俎而代之矣。"（《逍遥游》）

尧治天下，伯成子高立为诸侯。尧授舜，舜授禹，伯成子高辞为诸侯而耕。禹往见之，则耕在野。禹趋就下风，立而问焉，曰："昔尧治天下，吾子立为诸侯。尧授舜，舜授予，而吾子辞为诸侯而耕，敢问，其故何也？"子高曰："昔尧治天下，不赏而民劝，不罚而民畏。今子赏罚而民且不仁，德自此衰，刑自此立，后世之乱自此始矣。夫子阖行邪？无落吾事！"俋俋乎耕而不顾。（《天地》）

《逍遥游》把尧让天下描述成无足轻重的行为，而《天地》则把舜让禹的选择，看成后世祸乱的开始。不惟此，《论语》有："微子去之，箕子为之奴，比干谏而死。孔子曰：'殷有三仁焉。'"（《微子》）又有："伯夷、叔齐饿于首阳之下，民到于今称之。"（《季氏》）对这些品行高洁的古仁人，《庄子》也尽亵渎之能事："伯夷死名于首阳之下，盗跖死利于东陵之上，二人者，所死不同，其于残生伤性均也，奚必伯夷之是而盗跖之非乎？天下尽殉也：彼其所殉仁义也，则俗谓之君子；其所殉货财也，则俗谓之小人。其殉一也，则有君子焉，有小人焉。若其残生损性，则盗跖亦伯夷已，又恶取君子小人于其间哉！"（《骈拇》）《庄子》甚至借盗跖之口，提出对立的道德史观："……尧、舜作，立群臣，汤放其主，武王杀纣。自是之后，以强陵弱，以众暴寡。汤、武以来，皆乱人之徒也。"（《盗跖》）依儒家，把仁人与强盗视为一体，这真的是"强盗的逻辑"。

另外值得注意的是，在谈论历史人物或事件时，孔子很少叙述相关的情节与原委，只发表评价。究其原因，固然与日常谈话的实录有关，但也显示一种事实，即谈论双方对所论人物或事件，有基本一致的了解。也就是说，所论对象是公认的客观存在。《庄子》则不然，不但情节丰富，且往往富于戏剧性。这种情况可能与书写有关。从容的书写可能提供更完善的背景及行为情节，以及更严密的概念分析。但是，更可能是这种寓言体裁，不以史实为依据，故需要创作必要的情节，以之作为推论的基础。所以尽管《庄子》讲了很多故事，司马迁依然说它"空语无事实"，"大抵率寓言也"。[12]

但事实上，在过去的文献线索上补充、扩展情节的做法，并非《庄子》独有。与庄周几乎同时代的孟子，其所著也包含这种现象。在讲述圣贤事迹时，《孟子》提供的信息也比《论语》更丰富。单就尧、舜、禹三人出现的次数看，《论语》分别为六次、八次、五次，而《孟

---

[12]《史记·老子韩非列传》，第2144页。

子》则是六十一次、一百零一次、三十次。[13]除出现次数不同外,差别还在于形象起了变化。顾颉刚"层累地造成的古史说",为说明"时代愈后,传说中的中心人物愈放愈大"。就以舜为例,说舜"在孔子时只是一个'无为而治'的圣君,到《尧典》就成为一个'家齐而后国治'的圣人,到孟子时就成了一个孝子的模范了"。[14]在印刷技术没有出现,书籍传播途径有限,口耳相传在信息传递中起重要作用的历史条件下,对过去信息的复述不可避免会出现这种情况。不同的地方在于,有些变化是顺固有的形象性质或特征发展或放大的,有的则是修改甚至颠覆固有的形象。同样谈尧舜之治与让,孟子的取向就顺着《论语》来,所论同庄子大相径庭:

> 尧以不得舜为己忧,舜以不得禹、皋陶为己忧。夫以百亩之不易为己忧者,农夫也。分人以财谓之惠,教人以善谓之忠,为天下得人者谓之仁。是故以天下与人易,为天下得人难。孔子曰:"大哉尧之为君!惟天为大,惟尧则之,荡荡乎民无能名焉!君哉舜也!巍巍乎!有天下而不与焉。"尧舜之治天下,岂无所用其心哉?亦不用于耕耳。(《孟子·滕文公上》)

历史观的问题不仅体现在对具体历史现象的判断,还体现在对历史整体意义的认识,后者与如何把过去的经验变成历史性知识相关。孔子自称"述而不作,信而好古"(《论语·述而》),而信的前提是有文献可征,故说:"夏礼,吾能言之,杞不足征也。殷礼,吾能言之,宋不足征也。文献不足故也,足则吾能征之矣。"(《论语·八佾》)而

---

[13] 参陈少明《"四书"系统的论说结构》,刘笑敢主编:《中国哲学与文化》第九辑,桂林:漓江出版社,2011年。
[14] 顾颉刚:《与钱玄同先生论古史书》,《古史辨》第一册,上海:上海古籍出版社,1982年,第60页。

从文献或经典中汲取的过去的知识，既包括从生活、制度到思想各个层次的经验现象，同时还包括对历史整体化的观点：

> 子张问："十世可知也？"子曰："殷因于夏礼，所损益可知也；周因于殷礼，所损益，可知也。其或继周者，虽百世可知也。"（《论语·为政》）

> 孔子曰："天下有道，则礼乐征伐自天子出；天下无道，则礼乐征伐自诸侯出。自诸侯出，盖十世希不失矣；自大夫出，五世希不失矣；陪臣执国命，三世希不失矣。天下有道，则政不在大夫。天下有道，则庶人不议。"（《论语·季氏》）

只有整体地进行观察，历史才有趋势可言，也只有以秩序的眼光看待过去的经验，史学才能建立。孔子影响到孟子，《孟子》七篇内容丰富，思想深邃。但究其论说方式，则为传述、论辩与玄言的组合。传述有类于《论语》的传经论史，其内容既有三代圣贤的事迹，也含孔门师弟的行踪，范围与《庄子》寓言化的历史对象大抵相当。读者也能从中发现资料不翔实或结论不牢靠的问题，然而这属于知识或判断能力不足而非历史的态度问题。其谈《诗》强调知人论世："颂其诗，读其书，不知其人可乎？是以论其世也。是尚友也。"（《孟子·万章下》）这就是深信历史的知识价值。而《庄子》借孔、老对话，把六经所载的经验视为可弃若敝屣的陈迹：

> 孔子谓老聃曰："丘治《诗》《书》《礼》《乐》《易》《春秋》六经，自以为久矣，孰知其故矣；以奸者七十二君，论先王之道而明周、召之迹，一君无所钩用。甚矣夫！人之难说也，道之难明邪？"老子曰："幸矣子之不遇治世之君也！夫六经，先王之陈

迹也，岂其所以迹哉！今子之所言，犹迹也。夫迹，履之所出，而迹岂履哉！"（《天运》）

依此，同样是使用历史题材，在孔孟的传述中，历史是立论的依据；而对庄子的寓言来说，历史只是其修辞的一种手段。前者是原则，后者则为策略。当然，两者都是自觉的，背后依托着不同的哲学立场。对历史的非历史态度，本身也是一种历史观。

3．道的分与合

《庄子·天下》把古代学术分为道术"原于一"与"天下裂"两个时期。道术"原于一"时，天地、神人、万物各得其所："古之人其备乎！配神明，醇天地，育万物，和天下，泽及百姓，明于本数，系于末度，六通四辟，小大精粗，其运无乎不在。"在文化学术方面，则"其明而在数度者，旧法世传之史尚多有之。其在于《诗》《书》《礼》《乐》者，邹鲁之士、搢绅先生多能明之。《诗》以道志，《书》以道事，《礼》以道行，《乐》以道和，《易》以道阴阳，《春秋》以道名分。其数散于天下而设于中国者，百家之学时或称而道之"。这意味着，旧法、世传之史与经典，构成道术的总体内容。但是，后来——

> 天下大乱，贤圣不明，道德不一。天下多得一察焉以自好。譬如耳目鼻口，皆有所明，不能相通。犹百家众技也，皆有所长，时有所用。虽然，不该不遍，一曲之士也。判天地之美，析万物之理，察古人之全。寡能备于天地之美，称神明之容。是故内圣外王之道，闇而不明，郁而不发，天下之人各为其所欲焉以自为方。悲夫！百家往而不反，必不合矣！后世之学者，不幸不见天地之纯，古人之大体，道术将为天下裂。

撇开《天下》作者或儒或道的立场不论，它表明曾存在道德秩序"原于一"，即源于古经典之学的时期。而百家之学的出现，是因为要应对"天下大乱，贤圣不明，道德不一"的历史局面，而产生的各种不同的思想努力的结果。简言之，子学是经典失灵后的替代物，但经"原于一"，子则蔚为多。裂道的现实，正是令作者心痛的局面。诸子百家中，最核心的是儒道两家。而两家分歧的焦点之一，恰在于对先王经典的态度：是信，还是疑？

儒家采取信的立场。这个信的意义是双重的，一方面，相信经书所提供的历史信息，只要文献有征便可信；另一方面，相信经典具有治天下的作用，仍然是后世的价值之源。所以，孔子要"信而好古"，信与好是统一的。在礼崩乐坏的时代，孔子的努力是，如司马迁所说"修旧起废，论《诗》《书》，作《春秋》"。[15]传统的礼乐文明，先王业绩，圣贤人格，伦理规范等，在经书的传述中统一起来。他期盼的理想秩序"天下有道"，不是复辟，而是对传统的调节延续。这道是历史发展的秩序。但道家——主要是《庄子》作者群——则对经典采取疑的态度。这个疑也是双重的，一方面，对经典造福后世的功效表示怀疑；另一方面，则怀疑经书提供的过去信息的可靠性。请看《天道》的两则记述：

> 桓公读书于堂上。轮扁斫轮于堂下，释椎凿而上，问桓公曰："敢问：公之所读者何言邪？"公曰："圣人之言也。"曰："圣人在乎？"公曰："已死矣。"曰："然则君之所读者，古人之糟魄已夫！"桓公曰："寡人读书，轮人安得议乎！有说则可，无说则死。"轮扁曰："臣也以臣之事观之。斫轮，徐则甘而不固，疾则苦而不入，不徐不疾，得之于手而应于心，口不能言，有数存焉于其间。臣不能以喻臣之子，臣之子亦不能受之于臣，是以

---

[15]《史记·太史公自序》，第3295页。

行年七十而老斫轮。古之人与其不可传也死矣,然则君之所读者,古人之糟魄已夫!"(《天道》)

> 世之所贵道者书也,书不过语,语有贵也。语之所贵者意也,意有所随。意之所随者,不可以言传也,而世因贵言传书。世虽贵之,我犹不足贵也,为其贵非其贵也。故视而可见者,形与色也;听而可闻者,名与声也。悲夫,世人以形色名声为足以得彼之情!夫形色名声果不足以得彼之情,则知者不言,言者不知,而世岂识之哉!(《天道》)

这两则引文,虽一为寓言,一为评论,但有一个共同点,就是把经验的理解内在化,认为语言文字难以有效传达经验的内在意义。这是怀疑知识传统如何可能的问题。问题当然不是庄子们缺乏文献或没有解读其含义的能力,至少《庄》书多方引《老子》,据以"剽剥儒、墨"时,理解都是准确的;而是他们的生活立场,限制其把历史理解成一种知识形态的意愿。把历史理解成一种知识,与从过去的经验汲取静态的知识不一样。这个区别就如了解具体的礼乐仪式,同理解相关礼仪发展的不同一样。史学需要有超越于具体经验的观念。例如时序的观念,没有时序观,就没有理解事物动态的框架。需要理解动态,不仅需要变,而且需要常。只有常而没有变,是静态的现象;而只有变没有常,则没法把握变的主体。孔子对子张"十世可知也"的解答,正是有自觉的历史意识的体现。

但《庄子》一书,则充满无常的观念:"昔者尧舜让而帝,之哙让而绝;汤武争而王,白公争而灭。由此观之,争让之礼,尧桀之行,贵贱有时,未可以为常也。"(《秋水》)"蘧伯玉行年六十而六十化,未尝不始于是之而卒诎之以非也,未知今之所谓是之非五十九非也。"(《则阳》)这类表达《庄》书中也经常出现。其实对庄子来说,无常首先是生活体验。《庄子》书赋予理想意义的人物,很多得道高人均非世俗的显达者,而是名不见经传的隐者或者生活中备受歧视的小人物,包括残疾人。这一现象有其知识社会学的背景。从春秋末年至战国,由于传统秩序解体,社会阶层分化,出现部分贵族沦落或被边缘化的现象。对此经验有切肤之痛的部分没落贵族,对政治选择逃避与反思的态度。混乱的秩序是富于批判精神的隐者的思想土壤,[16]而无常正是这些沦落并得不到慰藉的人的强烈感受。历史本来是解释现实境遇的基本途径,现实的不可接受投射到过去,便是历史的无常,而无常不会形成历史的知识观念。

无常不能发展历史性知识,但无常却可触发哲学的灵感。"芴漠无形,变化无常,死与生与,天地并与,神明往与,芒乎何之,忽乎何适,万物毕罗,莫足以归,古之道术有在于是者。庄周闻其风而悦之。"(《天下》)这种基于"芴漠无形,变化无常"的体验所酝酿的哲学,很可能就是三言中的"卮言"所表达的内容。卮即酒器,"满则倾,倾则仰"是对其特征的一般描述,但它究竟用于喻"况之于言,因物随变"(郭象),"无心之言"(成玄英),"支离无首尾"(司马彪),还是"圆言也"(章太炎),见仁见智。[17]然在卮言所指涉的内容上,大家没有分歧。《寓言》篇在"卮言日出,和以天倪,因以曼衍,所以穷年"之后,紧接着便有下面的话:

      不言则齐,齐与言不齐,言与齐不齐也,故曰无言。言无

---

[16] 冯友兰在《中国哲学史新编》(第二册,北京:人民出版社,1994年,第139页)中强调"庄周哲学是隐士思想的总结"。另外,可参颜世安《庄子评传》、王博《庄子哲学》对隐者文化的讨论。

[17] 郭、成、司马诸说,见郭庆藩撰、王孝鱼点校:《庄子集释》,第947—948页;章说转自顾实《〈庄子·天下篇〉讲疏》:"章炳麟曰:卮言者,圆言也。"(张丰乾编:《庄子天下篇讲疏四种》,北京:华夏出版社,2009年,第52页)

言,终身言,未尝(不)言;终身不言,未尝不言。有自也而可,有自也而不可;有自也而然,有自也而不然。恶乎然?然于然。恶乎不然?不然于不然。恶乎可?可于可。恶乎不可?不可于不可。物固有所然,物固有所可,无物不然,无物不可。非卮言日出,和以天倪,孰得其久!万物皆种也,以不同形相禅,始卒若环,莫得其伦,是谓天均。天均者天倪也。(《寓言》)

孤立解读它确切的意思并不容易,但对照《齐物论》,读读"夫言非吹也,言者有言,其所言者特未定也。果有言邪?其未尝有言邪?其以为异于鷇音,亦有辩乎,其无辩乎?"特别是以下段落,就知它是对齐万物与齐是非的观点的摹写:

物无非彼,物无非是。自彼则不见,自知则知之。故曰彼出于是,是亦因彼。彼是方生之说也。虽然,方生方死,方死方生;方可方不可,方不可方可;因是因非,因非因是。是以圣人不由,而照之于天,亦因是也。是亦彼也,彼亦是也。彼亦一是非,此亦一是非。果且有彼是乎哉?果且无彼是乎哉?彼是莫得其偶,谓之道枢。枢始得其环中,以应无穷。是亦一无穷,非亦一无穷也。故曰莫若以明。(《齐物论》)

章太炎在《齐物论释》中,也是把《寓言》中"不言则齐,齐与言不齐,言与齐不齐也"同"齐物论"联系起来的。[18]在这里,言默、然否、彼是、生死、是非,所有一切对立的性质,都处在不断转化、不能确定的状态,用一个词概括,就是"无常"。"齐物论"就是

---

[18] 参章太炎:《齐物论释》,刘凌、孔繁荣编校:《章太炎学术论著》,杭州:浙江人民出版社,1998年,第271页。

揭示这种无常，且力主适应这种无常的哲学。故庄子要"以谬悠之说、荒唐之言、无端崖之辞，时恣纵而不傥，不以觭见之也。以天下为沈[沉]浊，不可与庄语，以卮言为曼衍，以重言为真，以寓言为广。独与天地精神往来而不敖倪于万物，不谴是非，以与世俗处"（《天下》）。

这种缘于"无常"的哲学信念，左右着庄子对历史的态度。对庄子而言，历史不是意义的来源，更不是价值的原则，它成了修辞的手段，甚至是解构的对象。在儒家那里，历史与哲学是可以一致的。儒家的道首先是一种有序的经验传统，相应地也是对历史总体意义的概括，所以既可以是孔子心目中"虽百世可知也"的对象，也投射为《易传》所说的"易"之"为道也屡迁，变动不居，周流六虚；上下无常，刚柔相易；不可为典要，唯变所适"的形上学意象。这个变不是"无常"，而是可以把握的。但在庄子那里，哲学与历史是对抗的。他的道是从历史、传统、秩序中分离的生命理想。孔子的道，负载着文化的使命；庄子的道，体现精神的自由。两者虽然是远古整全的道的分化，但纵观整个中国传统，儒道依然是可以互补的。

［原载《中国哲学史》（季刊），2013年第2期］

第三编

哲学

五 "吾丧我":一种古典的自我观念

人是中国哲学的主题。但在论及这一主题时,人们往往把目光投向儒家,而较少关注道家。原因可能在于,道家关于人的理想形象不论是呈现为隐士还是真人,总是飘忽不定,与我们的日常经验有较大的距离。然而,一种人格理想只要有魅力,即使它不那么现实,也有进一步探寻的价值。理由在于,任何有深度的人格理想,必定是建立在对一般人的生命状态的洞察力上,只是其中有些建构起明晰的概念框架,有些则成为隐含在其主张背后的预设。对于后者而言,《庄子·齐物论》中那个"吾丧我"的寓言,就是一个值得进行哲学讨论的经典案例。不过,这项工作不只限于字斟句酌的文本解析,它也将伴随一次"观念的冒险"。

1. 注疏史回溯

"吾丧我"章置于《齐物论》篇首,读《庄》者多数对其耳熟能详:

> 南郭子綦隐机而坐,仰天而嘘,荅[答]焉似丧其耦。颜成子游立侍乎前,曰:"何居乎?形固可使如槁木,而心固可使如死灰乎?今之隐机者,非昔之隐机者也。"子綦曰:"偃,不亦善乎,而问之也!今者吾丧我,汝知之乎?女闻人籁而未闻地籁,女闻

地籁而未闻天籁夫!"

子游曰:"敢问其方。"子綦曰:"夫大块噫气,其名为风。是唯无作,作则万窍怒呺。而独不闻之翏翏乎?山林之畏佳,大木百围之窍穴,似鼻,似口,似耳,似枅,似圈,似臼,似洼者,似污者;激者,謞者,叱者,吸者,叫者,譹者,宎者,咬者,前者唱于而随者唱喁。泠风则小和,飘风则大和,厉风济则众窍为虚。而独不见之调调之刁刁乎?"

子游曰:"地籁则众窍是已,人籁则比竹是已。敢问天籁。"子綦曰:"夫吹万不同,而使其自己也,咸其自取,怒者其谁邪?"

伟大的经典都有一部伟大的解释史,它对后来者是最有参考价值的路线图。"吾丧我"因形象神奇,言谈玄妙,而导致其释读者众声喧哗,莫衷一是。但基于该章在《齐物论》中的位置,解《庄》名家一般将它放在《齐物论》的思想结构中进行诠释。这一思想结构包括齐"物论"、"齐物"论与齐物我三个层次,简称齐论、齐物与齐我。不过,因标题解读的不同,而有重视齐论或强调齐物的区别。[1]对"吾丧我"章的分析,也与此有关。比如以哲思见长的郭象与王夫之,前者便偏齐物,而后者则重齐论。

郭象注把它当作不谴是非、忘己忘物、自得自然的状态。"吾丧我,我自忘矣;我自忘矣,天下有何物足识哉!故都忘外内,然后超然俱得。"[2]他对天籁的解释是:"夫天籁者,岂复别有一物哉?……无既无矣,则不能生有;有之未生,又不能为生。然则生生者谁哉?块然而自生耳。自生耳,非我生也。我既不能生物,物亦不能生我,则

---

[1] 参陈少明《〈齐物论〉及其影响》第二章的评析。
[2] 郭庆藩撰,王孝鱼点校:《庄子集释》,第45页。

我自然矣。自己而然，则谓之天然。……夫天且不能自有，况能有物哉！故天者，万物之总名也，莫适为天，谁主役物乎？故物各自生而无所出焉，此天道也。"[3]

王夫之则依其齐"物论"的理解，强调"丧我"是齐论的前提。"夫论生于有偶：见彼之与我异，而若仇敌之在前，不相下而必应之。而有偶生于有我：我之知见立于此，而此以外皆彼也，彼可与我为偶矣。贱物之论，而知其所自生，不出于环中而特分其一隅，则物无非我，而我不足以立。物无非我者，唯天为然。我无非天，而谁与我为偶哉？故我丧而偶丧，偶丧而我丧，无则俱无，不齐者皆齐也。"[4]这样，齐我成了齐论的思想环节。

郭、王都是大家，虽然角度不同，且郭论浑沦，而王说明辨，但"丧我"的终解指向齐物我，则无异。可以说，两者共同构成这一解释史之主调。只是近人章太炎有些例外。他的特出不在依佛解庄，因为此前憨山、方以智等释庄也用此伎俩，且也有收获。太炎的特出，在于提出用"藏识"或所谓"原型观念"解释"我"的性质。例如说："天籁中'吹万'者，喻'藏识'，'万'喻'藏识'中一切种子，晚世或名'原型观念'。非独笼罩名言，亦是相之本质，故曰'吹万不同'。使其'自己'者，谓'依止藏识'，乃有意根自执藏识而我之也。"[5]他是从唯识论出发，由破除自我执着，进而破除外在事物的执着，即进行"丧我"的新诠释。问题不仅是"我"必须丧，而且是我如何可能"丧"？太炎也是大家，他的庄解虽有歧解之嫌，且带来比被解释的对象更需要解释的佛家名理，导致效果不彰，但他有新的突破。他抓住"丧我"的关键在于对"我"的理解，这就超越了郭、王把"我"当作

---

[3] 郭庆藩撰，王孝鱼点校：《庄子集释》，第50页。
[4] 王夫之著，王孝鱼点校：《庄子解》，第11页。
[5] 章太炎：《齐物论释》，《章太炎学术论著》，第273页。

自明的现象略过而直接谈论"丧我"或"无我"的疏漏。太炎的眼光，自有他的独到处。

本章准备重检太炎先生的问题，但悬置其唯识之思路，努力循一般哲学的方向思考。当然，在进入论题的探讨前，还有与文本有关的两个问题需要先行交代。其一，是关于两个关键字眼的判读。其二，则涉及对文本论说方式的把握。除了"地籁"中的各种象声词的确切意义仍有模糊处，实际上，文中有争议的重要字眼并不多。关键有两处，一是"丧其耦"之耦，一是"使其自己"之己。二者的提出均与司马彪有关。关于前者，俞樾《庄子平议》引司马彪，一反释耦为偶，强调"耦当读为寓。寓，寄也，神寄于身，故谓身为寓"。[6]关于后者，《庄子集释》引司马云："已，止也，使各得其性而止。"[7]王夫之也读己为已。虽然异议并非无据，但所断也难坐实。推敲起来，以身为寓，则丧寓为丧身。从外人看来是丧身，依本人立场也是丧我。身心对立，也可看作有"偶"的表现。故整体意义上与郭解没有冲突。而以己为已，由于"自己"的"已"需要与自己之自连读，即使解释自已为自止，行为主体依然是"自"，对整个句子的理解也无实质差别。因此，下文对这些相关读法的差异，略去不论。

然而，文本的论说方式，也即体裁对解读的影响，则需要强调。整体看，"吾丧我"是一则寓言。它是虚构的故事，情节简单但完整，其结构服务于表达一种观点或见解。这种见解不是论证，而是通过情节或者隐喻呈现的，结论必须由读者予以直观的把握。在这则寓言中，作者描述了子游对子綦形如槁木、心如死灰状况的疑惑，以及子綦对子游的解答。答案包括"吾丧我"及"三籁"两个层次。两者均是比喻，但前者贴近问题，后者则引申其意。着眼于前者，则"吾丧我"

---

[6] 转引自王叔岷：《庄子校诠》，北京：中华书局，2007年，第41页。
[7] 《庄子集释》，第50页。

便可以是"吾忘我","吾"保持其主语的地位。如果强调后者,则物我不分,系于天然。故钟泰说:"'我'者人也。'丧我'者天也。"[8]依此,则"吾"与"我"的差异,似乎就被掩盖了。

下文就从对"吾"与"我"的辨义开始。

2．吾、我辨

以往注家中,林希逸曾注意到吾、我之差异。他说:"吾即我也,不曰我丧我,而曰吾丧我,言人身中才有一毫私心未化,则吾我之间亦有分别矣。吾丧我三字下得极好!"[9]不过,用"一毫私心"来界定这种差异,仍嫌模糊。赵德《四书笺义》倒是提及两者之区别:"'吾''我'二字,学者多以为一义,殊不知就己而言则曰'吾',因人而言则曰'我';'吾有知乎哉',就己而言也,'有鄙夫问于我',因人之问而言也。"[10]但其意义未得到更多阐述。相反,章太炎《检论》"正名杂义"则谓:"'今者吾丧我。''吾'、'我'互举,则此亦未必非互文。"[11]不过,其例句只检及《庄子》外篇及汉末零星文献。这种观点不难理解,因为战国以后的作品中,两者混用的例子不难发现。况且从语义上讲,通常的情况下,同一表达者在使用这两个字时,其指称的对象是相同的,即指向表达者自身。这也是后世渐渐混用两者的基本原因。但指称对象相同,含义则未必一致。

胡适《吾我篇》的观点,为我们提供进一步讨论的线索。胡适质

---

[8] 钟泰:《庄子发微》,上海:上海古籍出版社,1988年,第28页。
[9] 林希逸著,周启成校注:《庄子鬳斋口义校注》,北京:中华书局,1997年,第13页。
[10] 赵德:《四书笺义》,转引自朱桂曜《庄子内篇证补》,北京:商务印书馆,1934年,第37页。不过,朱氏"案赵氏所云'就己而言'、'就人而言',盖犹今文法言'主位'、'受位'也。又《管子·白心篇》'孰能己无己乎',语义略同"。这是把语义变成语法,引申并不合原意。
[11] 章太炎:《检论》,《章太炎学术论著》,第142—143页。

疑太炎，他引申《马氏文通》，并从《论语》等典籍中复检更多例子，断言"古人用此两字分别甚严"。胡氏列举例句包括：

> 今者吾丧我。(《齐物论》)
> 太宰知我乎？吾少也贱，故多能鄙事。(《论语·子罕》)
> 夫召我者，而岂徒哉？如有用我者，吾其为东周乎？(《论语·阳货》)
> 善为我辞焉！如有复我者，则吾必在汶上矣。(《论语·雍也》)
> 伐我，吾求救于蔡而伐之。(《左传·庄公十年》)

撇除各种枝节问题不论，胡适得出的主要结论是：语法上"吾"字一般用作主语而非宾语，但倒装句例外；而"我"字则用作宾语。然而，在需要特别强调时，"我"也可作为主语使用。关于后者，胡氏从《论语》中列出的例句有："人皆有兄弟，我独亡"(《颜渊》)，"尔爱其羊，我爱其礼"(《八佾》)，"我则异于是"(《微子》)，"我则不暇"(《宪问》)，等等。[12] 但是，问题在于，如果"我"出于强调的目的，也可当主语使用，那么，单从语法上区分吾、我两种用法，便有欠缺。这也意味着这种语法区分的方法，无法确定两者意义的差别，因此，它与太炎之说也没有根本的不同。[13]

掉转方向，回到赵德的观点，从用法上寻找两者语义上的差别，应是更好的途径。重新观察胡适的例子，便可发现，"我"的用法，确是"因人而言"，即相对于非我（你或他）的存在而说的。"太宰知

---

[12] 欧阳哲生编：《胡适文集 胡适文存二集》，北京：北京大学出版社，1998年，第176—179页。

[13] 严修曾著文《批判高本汉和胡适对吾我、尔汝的错误论点》(《人文杂志》1959年第2期，第37—43页)，全面反驳胡适，但其基本结论也几乎是回到章太炎的观点上。

我""夫召我""善为我辞"与"伐我"等等,作为宾语的"我"自然是伴随主语所示的非我而在场的。只是其中的后两个句子,是主语省略形态。再看所谓"我"因被强调而用作主语的例句中,"人皆有兄弟,我独亡"是人、我的比较,"尔爱其羊,我爱其礼"是尔、我的比较。"我则异于是"与"我则不暇"则又相对于被谈论者而言。它们同样是与非我相比较条件下"我"的表达。其实,单就"我"字的用法,我们还可从《春秋》经传找到佐证,"隐八年"载:"庚寅,我入邴。"《公羊》说:"其言我何?言我者,非独我也,齐亦欲之。"何休《解诂》说:"自入邑不得言我,有他人在其中乃得言我,故能起其非独我。"陈立《义疏》卷九说:"我者,对人之辞,故有他人,则言我以起之也。"前后理解,若合符节。对比之下,"吾"只是"就己而言",即单纯的自我表达,并不必然牵涉与他者的关联。

证之《齐物论》本文,这一区分也能成立。《齐物论》全文使用"吾"字凡十八次,而"我"字二十六次。使用这两字最频繁的段落,分别见之"一问三不知"与"我与若辩"两则:

啮缺问乎王倪曰:"子知物之所同是乎?"曰:"吾恶乎知之!""子知子之所不知邪?"曰:"吾恶乎知之!""然则物无知邪?"曰:"吾恶乎知之!虽然,尝试言之。庸讵知吾所谓知之非不知邪?庸讵知吾所谓不知之非知邪?且吾尝试问乎女:民湿寝则腰疾偏死,鳅然乎哉?木处则惴栗恂惧,猨猴然乎哉?三者孰知正处?民食刍豢,麋鹿食荐,蝍蛆甘带,鸱鸦耆鼠,四者孰知正味?猨猵狙以为雌,麋与鹿交,鳅与鱼游。毛嫱丽姬,人之所美也;鱼见之深入,鸟见之高飞,麋鹿见之决骤。四者孰知天下之正色哉?自我观之,仁义之端,是非之涂,樊然殽乱,吾恶能知其辩!"

既使我与若辩矣，若胜我，我不若胜，若果是也，我果非也邪？我胜若，若不吾胜，我果是也，而果非也邪？其或是也，其或非也邪？其俱是也，其俱非也邪？我与若不能相知也，则人固受其黮暗。吾谁使正之？使同乎若者正之？既与若同矣，恶能正之？使同乎我者正之？既同乎我矣，恶能正之！使异乎我与若者正之？既异乎我与若矣，恶能正之！使同乎我与若者正之？既同乎我与若矣，恶能正之！然则我与若与人，俱不能相知也，而待彼也邪？

第一则引文中，"吾"字出现七次，均为不涉及与他者对比的自称。而其中唯一的"我"字，出自"自我观之，仁义之端，是非之涂，樊然殽乱，吾恶能知其辩"。这一"我"恰好相对于出自他者观念而言，故合例。第二则引文中，"我"字十四次，"吾"字则有两次。其中所有"我"字的使用均相对于"若"（你）而来的。而"吾"字两例中，"我胜若，若不吾胜"为倒装句，可存疑。但"吾谁使正之？"中"吾"并不涉及与"若"的对比，也合例。

从《齐物论》中，还可举出若干能够印证上面假设的例子，如："非彼无我，非我无所取。""人之生也，固若是芒乎？其我独芒，而人亦有不芒者乎？""夫子以为孟浪之言，而我以为妙道之行也。"此外，在《庄子》内篇其他篇章中，也能找到"吾""我"同上面用法有相应区分的例子："夫子立而天下治，而我犹尸之，吾自视缺然。""子治天下，天下既已治也，而我犹代子，吾将为名乎？名者，实之宾也，吾将为宾乎？"（《逍遥游》）"幸矣子之先生遇我也！有瘳矣，全然有生矣！吾见其杜权矣！"（《应帝王》）

当然，包括《齐物论》在内的内篇作品中，我们也能看到与上面假定用法不一致的现象，如"吾""我"在个别地方的混用。但是，这些例外现象不会影响我们对其基本语义的区分，因为这一区分同《论语》等年代更早的作品中的用法相关联。而前后时期的文献中两者混用的现象,可以看作预示着相关语义存在演化的过程。因此,我们可以确定,"吾""我"两字在同一使用者那里,其指称对象均系使用者本身。但"吾"是一般的自我称谓,故它常作为主语使用;"我"则是与非我关联时的自称,如今天沿用的你我、人我甚至物我等说法,它可以用作宾语,也可以用为主语。吾、我之分,就如金星与启明星指称同一天体对象,但两者含义不同一样。保险起见,我们把这一断定的有效性限制在《齐物论》这一文本,尤其是那些同时出现"吾""我"两字的句子。这样,它也毫无疑问可以直接运用到"吾丧我"这一经典问题的解释上。[14]

那么,这一区别的哲学意味究竟是什么呢?首先,这个"我"是与他者相对的存在者,丧我或无我便使我与非我的对立失去可能。王夫之的解释非常贴切:"夫论生于有偶:见彼之与我异,而若仇敌之在前,不相下而必应之。而有偶生于有我:我之知见立于此,而此以外皆彼也,彼可与我为偶矣。"[15]消除彼我的对立,是抽掉物论对立的基础。其次,"我"通过非我来确定,即"我"也呈现在非我者的世界。但这个被他人观察的"我",在他人的心目中,只是那个"你"。他人只看到"我"的外观,而"我"不是通过观看才能感知"我"的存在。自我认同与被非我辨认,不是一回事。这种内外的不同,正是自我反思的基础。最后,可能是更重要的,"吾"与"我"本来指称同一对象,即均为表达者的自我称谓,但在"吾丧我"这一主宾结构中,一个对象同时分裂为主体与客体,即自己是自己的对象。这里的"我"不是一般的行为对象,不是日常化的我,如不是自己某时刻的想法,

---

[14] 上述分析,也可印证陈静的见解:"在庄子那里,'我'是对象性关系中的存在,永远处于物我、人我、彼此、彼是、是非的对待性关系之中。"但吾不是"我",而是"真我"。(陈静:《"吾丧我"——〈庄子·齐物论〉解读》,《哲学研究》2001年第5期)
[15] 王夫之:《庄子解》,第11页。

或者自己身体某一部分，那只是"我的"，而非"我"本身。"吾丧我"之"我"，同"我是谁"之"我"一样，均是整体的，因此，它是哲学的自我问题的提出。

本章对自我问题的论述，置于"吾丧我"的观念框架之内。

3．一个理解"自我"的框架

"自我"本非传统说法，而是现代的学术语言。现代汉语常用的这个"我"字，包含着古典时代"吾"与"我"的双重意义。按前文的分析，混合的原因可能在于两者指称的对象是相同的。但是，让"我"代替"吾"，而非相反，意味着今"我"更多用于与非我或他者关系的界定，诸如你我、人我及物我这些常用词语的应用所显示的。虽然这类词组的搭配形式是通过联系来界定的，但功能是借助对比，把"我"突出出来。也可以说，这是一种关于"我"的空间界定方式。在空间的意象中，"我"是拥有位置的。它不仅指身体位置的占据，同时还包括对资源空间的支配运用。而在狭隘的空间中，我与你或他（包括它），则是互相排斥的。王夫之说的"见彼之与我异，而若仇敌之在前，不相下而必应之"这种负面心理现象，源于这种狭隘的空间感。它与《齐物论》所设置的人生经验的背景基调相关。空间的也即是外向的，但这并不意味着自我的确立只是向外的，它也保留对内的意义。"我是谁？"是自己对自己的提问。这种提问之所以不合常规，就是它不像问"你是谁"，答案可以用陈述句来完成。问题只是一种隐喻，它是提问者渴望把握自身内在意义的表现，触及的实质就是原本的那个"吾"的意义问题。"吾"不是以非吾为参考框架来确定的，因此，"吾"作为我不是他我，而是自我。为什么叫作"自我"？自我区别于借非我来定位的"我"。"自"字是指主体不受外力干预，不需刻意造作的状态，如郭象所强调的:"然则生生者谁哉?块然而自生耳。自生耳,非我生也。我既不能生物,物亦不能生我,则我自然矣。自己而然,则谓之天然。"因此,用"自"界定"我",恰好具有把"我"还原到"吾",恢复自足的存在意义。回到庄子,就是要防止"吾"迷失在"我"中,或重新从"我"里面解放出来。[16]

自我的内外关系,在寓言中表述为"心"与"形"的问题。对"吾"的理解必须从外转向内,从有形转向无形。子游在目睹子綦隐机而坐时"仰天而嘘,苔[答]焉似丧其耦"的状态变化后,提出的问题是:"何居乎?形固可使如槁木,而心固可使如死灰乎?今之隐机者,非昔之隐机者也。"据司马黛兰的研究,"形"在《论语》里一次都没有出现过,但它却在《庄子》中出现九十八处,是《庄子》中最重要的一个关于身体的术语。"庄子所展示的人类之形是由肉、器官、肢体和骨头所组成的;他在读者的眼前将这样的人类之形进行解剖,将其整个内部翻出来,并快意地展示着那些裂开的关节、断掉的肢体和畸形突变。"[17]从常规的眼光看,形如槁木的形象同样是变异的。以子綦为中心的话,子游的问题意味着,他人没法了解"我"的心,但能看到"我"的形。"在更多的章节中,庄子的'形'都是以一种有形的生机体的形式出现。与其他文献中的形相比,它更为频繁地被赋予浓厚的肉体在场的意义;庄子有时是将形与身互换使用的,当后者被理解为活生生的身时。"[18]"我"是相对于非我而得以辨识的,而在他者的心目中,我的形或身正是"我"的代表。庄子对形或身的故意扭

---

[16] 杨国荣也提及"吾"与"自我"的问题,认为在"吾丧我"的表述中,"对庄子而言,唯有作为主词的自我('吾')才真正具有个体性的品格,居于另一端的宾词之'我'则与庄子所理解的个体对立。"(《庄子的思想世界》,北京:北京大学出版社,2006年,第176页)
[17] 司马黛兰著,蒋政、沈锐译,胡城校:《〈庄子〉中关于身体的诸概念》,《中国哲学史》(季刊)2013年第一期。
[18] 同上。

曲,与"丧我"的立场是一致的。在身心连动的情况下,身是心活动的基础,同时,身也是心的领地。身界定了"我"的空间,身被侵犯就是我被侵犯,身安全我才安全。我的利益最终得落实在我的身上。因此,"我"与彼的对立,实质上可归结为身与身的对立。要从彼我的紧张关系中解放,要义是改变对身的过分重视。一方面要轻身,不为利益的追求所拖累。另一方面还要轻形,外貌没有美丑贵贱的区分。破除外在的形的束缚,得意忘形,自我才没有负担,才有自由。[19]这几乎也是《德充符》篇的主题。

心是一个含义复杂的概念,本章的论述限制在身心关系之内。每个人都是身心一体的,但身呈现在他人的目光下,心则不会被他人进入,最多只能被猜测,如"心固可使如死灰乎"的疑惑。但是,与我的身相比,我的心才是确认"我"存在的有效途径。所谓"心",或者内心(相对于外身),指的是人的意识或心理活动。一个人的自我感知是内在的,闭上眼睛,不说话,身体不同部位不互相接触,你也知道自己的存在。即使你把注意力集中在身体以外的对象上,你对自身也有附带的觉察。不仅如此,意识还能确知自己是特定的人格统一体,也就是知道"我是谁"。这个答案不需要通过外在的指示或专门的学习就能获致,虽然没法通过陈述句的方式来解答。当子游指出"今之隐机者,非昔之隐机者也"时,意味着他借助对表象的观察,对于对象"今""昔"身份之统一性有所怀疑。子游的问题,当然只有子綦本人才知道。但他不能采取"我是某某某"的回答方式,因为这种方式不能解释人格转化这种特殊的问题。正是"吾丧我"的比喻,通过吾、我的区分,呈现了问题的内在性质。

那么,剔除了自我中"我"的肉身化特征与空间向度之后,剩下的"吾"的内涵是什么呢?它就是心,即自我意识。不过,这时

---

[19] 王博的《庄子哲学的心与形》对两者关系也有直接且系统的论述。见氏著《庄子哲学》。

它的功能主要不在于对身的掌控,或者通过身向世界展示自身并争得一个生存的空间,而是意识的自我理解与把握。它不是空间的,不是向外的,而是时间的,是内向的。"吾"的内涵必须在时间中寻找,秘密就在记忆中。意识的自我确认能力与意识的记忆能力相联系。记忆中的所有经验被意识理解为我的经验,而这个"我"不仅是记忆经验的容器,同时,它又是被记忆建构的。因此,自我不是静态的,它是在时间中成熟、演变的。自我的把握便不仅是通过你我、人我或物我这样的空间界定,同时,而且更重要的是,我的当下与我的过去的关联。这一不可断裂的关联是自我感知与认同的条件。记忆清空的人不知道"我"是谁,尽管他可能是活着的,且可能使用"我"指谓自身,但这个"我"是空洞的,因而也无法进行人我关系的空间定位。一个人的生命有多长,他的自我就延续多久。生命的每一刻都在时空交错的坐标中,而每一刻的经历都通过记忆汇入自我的河流。自我的时间向度,就称作"吾"。故孔子也说"吾十有五而志于学,……七十而从心所欲,不逾矩"。这个"吾"就是老人家自我审视的对象。

"吾丧我"章的结尾,是子綦的一个反诘句:"夫吹万不同,而使其自己也,咸其自取,怒者其谁邪?"这里面的关键词是"自"字,不管是"自己",还是"自已",都是"咸其自取"而已。按《说文》,"自"的本义为"鼻"。段玉裁注认为,"今俗以作始生子为鼻子是"。但其本义平常绝少提及,而"自己"与"自然"的引申义则流行。依上下文,寓言中的这个"自",便是对"吾"能"丧我"的行为特性的揭示,即"吾"本身就是行为的出发点和原动力。虽然"(自)己""已(经)"之争无从判别,但把己与吾、我作比较,则有助于问题的深化。司马黛兰曾分析,"己"字通常是在比较他者的背景下对自身的一种表达:"尽管己本身是个别的,但它主要出现在与他者,换言之,与其他人的关联中,同时,它从与他者的联系得到明确的界定。"[20]证之《论语》,有大量的证据可以支持。如:"己欲立而立人,己欲达而达人"(《论语·雍也》),"己所不欲,勿施于人"(《论语·卫灵公》),"不患人之不己知,患不知人也"(《论语·宪问》),"修己以安人"(《论语·宪问》),"无友不如己者"(《论语·学而》),等等。同《论语》比,《庄子》语言的使用虽有演化,但我们也能从中找到不少用法相同的句子,例如"古之至人,先存诸己而后存诸人"(《人间世》),"世俗之人,皆喜人之同乎己而恶人之异于己也。同于己而欲之,异于己而不欲者,以出乎众为心也"(《在宥》),"与己同则应,不与己同则反。同于己为是之,异于己为非之。重言十七,所以己言也"(《寓言》)。司马黛兰还通过与其他概念的对比,分析"己"的社会含义:

> 体的特点是公共性,同质性,以及界限的开放,但是己本身,作为对照,其特点则是个体,与他人有距离,且有权限的界线。己本身可被描述为个人拥有的利益范围。它是本人自身所属的一切的总和,同他人自身的所属形成对立,同时,它也是物主身份,价值,财物,或者从坏处讲,堆积物的场地。它也能同物或者那些被人持为自身之物相联系。
>
> ……
>
> 己本身包含着已经积累和将会积累的"囤积物",可以说,每个人的积累分量是不同的。一个人的"所得",意味着与他的"所是"的联系。[21]

---

[20] Deborah Sommer(司马黛兰): The Ji Self in Early Chinese Texts(《早期中国文本中的"己"》), in Jason Dockstader, Hans-Georg Möller and Günter Wohlfart, ed., *Selfhood East and West: De-Constructions of Identity*, Traugott Bautz, Nordhausen 2012, p.22.
[21] 同上书, p.38。

对"己"这一分析，与我们前面对"我"的论述，几乎是一致的。所以，《庄子》中我与己也时常互换。"丧我"被解成"无我"，《逍遥游》就有"至人无己"为证。解为"忘我"的话，庄子后学就讲"忘己"："忘乎物，忘乎天，其名为忘己。忘己之人，是之谓入于天。"（《天地》）

那么，是否据此可断"吾丧我"完全等于"吾丧己"呢？未必。理由在于，"我"在表达者那里，指称的对象是表达者本人。但"己"则可泛指不同的人，它是假设站在每个人立场对各自的指称。例如，说"己所不欲，勿施于人"，这个己不只是表达者本身，而是包括所有的人。因此，"我"是我自己，而"己"是每个人本身，后者更具普遍性。依齐物论，所有的观点都有相对性。因此，"吾丧我"意味着它是子綦的个人取向，如果有价值的话，它也只是一种示范，而非提供规范。至"夫吹万不同，而使其自己也，咸其自取，怒者其谁邪？"，才以（自）"己"代"我"，有把意义普遍化的意味。这正是庄子哲学的真谛。

今日的"自我"，依庄子的观点，可以看作古典时代"吾"与"我"的合体。以自代吾，自既表示意识或行为的源头或来历（自从、来自），也意味着其独立不由他者所左右或干预的含义（独自、自主），时间性与主体性在此兼具。而我则是人我关系中的我，它通过他者的对比来确立，既是人与人的关联，又表现出人与人的分割，是"人间世"中人的基本状况的客观写照。它标示着人既是主体，也是客体（或对象）。这个客体不仅是他人的客体，也可以是自己的客体。相应地，吾我与心身之间也存有同构关系。在他者的眼光中，我代表吾，身遮盖心。从"吾"之立场言，心之动，既是主动，也是自取的。依"自"而非靠"他"（"谁"），正是心动的特质，是意识具有反思能力的表现。"丧我"之"丧"，建立在这一机制之上。

4. 丧我之"丧"

"吾丧我"的每个字都是关键词。丧的基本字义，包括丧失与丧生，后者也引申为丧礼。前者如"尧治天下之民，平海内之政，往见四子藐姑射之山，汾水之阳，窅然丧其天下焉"（《逍遥游》），"物视其所一而不见其所丧，视丧其足犹遗土也"（《德充符》）；后者如"孟孙才，其母死，哭泣无涕，中心不戚，居丧不哀"（《大宗师》）。然郭象注丧为忘："吾丧我，我自忘矣；我自忘矣，天下有何物足识哉！故都忘外内，然后超然俱得。"这是把文本当作隐喻来处理，其优点是把看起来颇神秘的玄谈视为可理喻的观点，因而其指向是哲学的。然而把丧变成忘，便把一种客观状态变成一种意识行为，也即心的现象。

忘即忘记，与记忆刚好是对立的行为。正如记忆有多种形式或不同功能一样，忘记也非单一的现象。当然，如记忆一样，忘记也是常规的意识现象。通常的忘记是经历过的事情没办法回顾起来。但没办法回顾的内容，有些是具体的，有些是抽象的。具体的指人事物，抽象的是某些现象类型，后者如说话、骑自行车、游泳、弹琴。有时我们忽略具体的经历，但记住了基本经验模式，忘记前者有助于记住后者。在被忽略的经验中，有些不需要记住，有些则是需要的。后者没有记住的话，我们会当作记忆出了问题。我们希望有好的记忆力，以便有更好的学习能力，但并不打算记住所有的事物。这种不打算的原因既包括上面说的不可能，还包括不愿意。不愿意记住者大半是负面的经验，但负面的经验究竟该记还是该忘，即记与忘对自我塑造有什么影响，又是个需要分析的问题。例如，《齐物论》中对人生经验的描述，"一受其成形，不忘以待尽"，具有严重的负面价值。庄子希望人们忘掉这种经验，可也正在于正视这种经验，庄子才酝酿出深刻的思想。

不过，我们要分析的"忘"的独特之处，在于所忘的内容。它不是忘人、忘事或忘物，而是忘我或忘己，这是最不可能忘的对象。在自我的分析中，我们知道我无时不在我的意识的掌握之中，故忘我是一种特别的现象或意识行为。日常说的忘我中，包括两种情况。一种基于生理原因，创伤或疾病（脑神经错乱，药物作用）导致人的失忆。严重的失忆者，忘记过去可借以辨别自己身份的经验，就是自我忘却的表现。另一种基于注意力的转移而导致的忘我，它也分两种情形。一种是自我注意力的下降，当你集中精神专注于某种行为，例如，高难度的操作带来对自身的不在意。另一种是忘记本来的身份，如观看恐怖题材作品时，意识不自觉进入虚拟的危机状态。这些都是短期的，可以调整回来。同时，这些忘我现象都是不自觉或者无意识的，但是，"吾丧我"中的忘我，则不一样，它是自觉追求的。

　　自觉的忘我与具体经验的有意遗忘相联结。一个人有过严重的身体或者精神创伤的经验，或者有过某种不名誉甚至是蒙受耻辱的经验，很多是不愿意回顾、尽量想忘掉的经验。要消除这些记忆，不仅自己不主动回忆，甚至要尽量改变可能引起相关联想的环境。如果有人特意对之加以提醒，便是揭人疮疤的行为。《德充符》中兀者申徒嘉面对子产的侮辱，斥责说："吾与夫子游十九年矣，而未尝知吾兀者也。今子与我游于形骸之内，而子索我于形骸之外，不亦过乎！"这意味着"忘形"才是他作为兀者正常的生活方式。另一常见的情形是，我们在运用某种工具时，开始不熟练，会把它放在注意力的中心，但一旦熟练后，对工具的支配就像运用自己的肢体一样，操作时不会注意它的存在，如开车、弹琴甚至使用电脑键盘等经验。《达生》篇说："工倕旋而盖规矩，指与物化而不以心稽，故其灵台一而不桎。忘足，履之适也；忘要[腰]，带之适也；知忘是非，心之适也；不内变，不外从，事会之适也。始乎适而未尝不适者，忘适之适也。"这种由忘而带来的适，所表达的正是一种物我合一的境界。

　　庄子的"我"为什么需要忘？在庄子看来，人生充满悲剧性的体验：

>一受其成形，不忘以待尽。与物相刃相靡，其行尽如驰，而莫之能止，不亦悲乎！终身役役而不见其成功，苶然疲役而不知其所归，可不哀邪！人谓之不死，奚益！其形化，其心与之然，可不谓大哀乎？人之生也，固若是芒乎？其我独芒，而人亦有不芒者乎？（《齐物论》）

在人与人、人与物相刃相靡的人间世，每个人身心疲惫，生命的来路不堪回首，忘我就是忘掉人生的不幸。这里又有两个层次的问题，其一，由于"我"是相对于他者而言，而人我之间存在一种空间占据的需要，在资源有限的情况下，这种排他性的占据必然导致紧张与冲突。这种冲突从身的层面（物欲）上升到心的层面（是非），利益起源于身的需求，观念的斗争则变成心的责任与负担。因此，忘我为摆脱个人利益，从而平息社会纷争起釜底抽薪的作用。其二，从自我的内在结构看，心是身的主宰，但实际上，身的需求会成为驱动心的活动的本能。物欲是从感官的基本需要开始的，而有效满足这种需要则靠用心获取。因此，不仅身疲，而且心累。"与接为构，日以心斗"，"近死之心，莫使复阳也"，"一受其成形，不忘以待尽"，"其形化，其心与之然，可不谓大哀乎？"（《齐物论》）。其实，身成了心的负累，成为异己的存在。这样忘我即忘身，忘身就成为身心自如、身心合一的不二法门。这样才有"天地与我并生，而万物与我为一"的境界。当子綦用天籁比喻其忘我的本质时，所谓"夫吹万不同，而使其自己也，咸其自取，怒者其谁邪？"就是恢复人对天性之向往。

上述分析是一种哲学解读，而非宗教性灵修经验的印证。它假定文体为一虚构的寓言，而非特殊精神经验的描述。这种理解从郭象开始，晚近的王夫之、章太炎的思想指向也相同。但是，把它当作一种精神经验来看待，似乎是更早的观点。而且，它也形成另一种理解的传统。证之《庄子》内篇，《齐物论》对"丧我"的描述是："南郭子綦隐机而坐，仰天而嘘，荅［答］焉似丧其耦。"《大宗师》的另一说法叫"坐忘"。它把忘的对象分三个层次，仁义、礼乐与身体。仁义是观念价值，礼乐是制度文明，两者都影响人的思想，规范人的行为，是自我社会化的因素。但忘掉这两者还不够，只有忘身，才能真正进入忘我的境界："堕肢体，黜聪明，离形去知，同于大通，此谓坐忘。"《人间世》则把它称作"心斋"："若一志，无听之以耳而听之以心，无听之以心而听之以气！听止于耳，心止于符。气也者，虚而待物者也。唯道集虚。虚者，心斋也。"与前两者注重其形态描述不一样，"心斋"给出一种内在的修炼方式。"一志"是集中精神，不是看而是听。但不是一般的听，一般的听靠耳朵，它要用心。然而，心的对象是观念，也不对。感觉会影响心，但心本身也不纯朴，已经有"机心"，因而必须"心斋"。它通过练气集虚而让生命达致得道的境地。这是一个人静坐入定时，忘物忘我，但感受着生命的律动（气），体会无法言说的超理性的境界。许多研究东亚特别是中国修身传统的学者，都注意到儒道释均倡导"静坐"的功夫，并把其思想源头追溯到庄子。[22]这种内在的灵修经验，很多实践者认为有助于人格的提升或转化。

必须承认，这种经验难以在语言层面进行完善的表达与沟通。但是，是否承认这种特殊的精神经验，均不构成对我们的哲学分析的否定。因此，不靠超理性的冥想，而采取理性的反思，同样是自我人格转化或提升的重要途径。关键在于，把自我理解为一个过程，反思是意识对意识的自我审视，也可以是对过去的自我的整体或分段检察。在这个反省的过程中，自我可以调整，包括做加法或减法，当然，更多是加减两法交替进行。加法是强化经验中成功或有价值的因素，减法则相反。根本的调整就是人格的更新。庄子的"丧我"，清除生命中俗世的欲望，是一种根本的减法。但他不说"丧吾"而是"丧我"，意

---

［22］参见杨儒宾、马渊昌也、艾皓德编：《东亚的静坐传统》，台北：台大出版中心，2013年。

味着作为主体的人格仍然是要存持的。在这一点上,人格的更新就如生命航船在航行中维护,它不是到船厂再造,也不能停止,而是一个自力更生的过程。至于自我的反思中,意识的哪些要素构成主体,哪些当成客体,或者说,哪些构成"吾",哪些又被当作"我",这仍然是有待分析的秘密。我们只能说,庄子心目中的那个"吾",依然是生命航船上的舵手。

结语:回观儒家

"吾丧我"不仅展示庄子塑造理想人格的重要途径,同时也蕴含着一个关于自我的概念框架。从这一视角出发,观察儒家关于人的观点,也很有意思。在《论语》那里,同样存在"吾""我"之分。孔子说:"吾十有五而志于学,三十而立,四十而不惑,五十而知天命,六十而耳顺,七十而从心所欲,不逾矩。"(《论语·为政》)这个"吾"是在时间的深度上进行反思,同时,这个人格塑造的过程,主要是做"加法"的功夫,即充实、发展它的内涵。然而联系到"毋意,毋必,毋固,毋我"(《论语·子罕》),"我"在这里却是需要限制、否定的因素,可见孔子也是加减法并用的。曾子说:"吾日三省吾身——为人谋而不忠乎?与朋友交而不信乎?传不习乎?"(《论语·学而》)这个吾"身"也就是"我",它也是在人我关系中被反省的。不过,在孟子那里,"我"的正面意义被光大了,如"万物皆备于我矣,反身而诚,乐莫大焉"(《孟子·尽心上》),"如欲平治天下,当今之世,舍我其谁也?"(《孟子·公孙丑下》)。这里"我"所扩张的,是它的另一向度。你我,人我,物我,即通过与非我的对比来确定我的位置时,一方面,它有区分的作用,但另一方面,却也意味着我与非我是相联系的。"我"不是孤独的,而是与他人生活在同一世界。失去非我,我也将不复为我。在隐者避世的主张面前,孔子的立场是"鸟兽不可与同群,吾非斯人之徒与而谁与？天下有道，丘不与易也"（《论语·微子》）。这个"吾"的意愿，就为后来孟子的"我"所担当。后世归"吾"入"我"，既可能是自我世俗化的趋势使然，但也未必不是受儒家入世精神影响的结果。

（原载《哲学研究》，2014年第8期）

六 ｜ 庄子观梦：物我与生死

梦是很奇特的精神现象。明明出现在意识之中，却不是意识能够主动控制的。你念它时，它未必来。不经意间，又偏偏闯入你的睡眠中。一刻钟的梦，可以度过一生。一张床上的辗转，却能搅动万里乾坤。古往今来，虽做梦者无数，但说梦的高手却不多。如果有，那非庄周莫属。其实以《庄子》一书近八万字的篇幅而论，所写的梦并不多。经常被引用的，不过就是梦为蝴蝶与梦会髑髅两例而已，且后者未必是庄周手笔，可能是后学附骥而成。但其说梦之深刻，绝非俗世熟知的黄粱美梦或南柯一梦可与之相提并论。庄子的天才在于，在赋予梦对认识人生的重大意义的同时，创造一种说梦的特别方式。

1．梦变蝴蝶

与很多说梦书讲别人的梦不一样，庄书说的是庄子自己做的梦，只是用第三人称而已。梦蝶的故事见诸《庄子》名篇《齐物论》的结尾：

> 昔者庄周梦为胡蝶，栩栩然胡蝶也，自喻适志与！不知周也。俄然觉，则蘧蘧然周也。不知周之梦为胡蝶与，胡蝶之梦为周与？周与胡蝶，则必有分矣。此之谓物化。

严格来说，它不是梦蝶，而是梦为蝴蝶。一个叫庄周的人做梦，梦见自己变成一只得意飞翔的蝴蝶，可一觉醒来，沮丧地回到自己的原形。紧接着，述梦者提出一个问题："不知周之梦为胡蝶与，胡蝶之梦为周与？"既然轻快的蝴蝶可以是庄子梦变的对象，那笨拙的庄周为何就不会是蝴蝶做梦的产物呢？虽然"周与胡蝶，则必有分矣"，但谁是梦者，谁是被梦的对象，谁又有办法区分呢？因此，神奇的不是梦境，而是问题。梦见自己变成某种动物甚至就是无生命的物，即使不常有，也非绝无可能，至少是可以想象的事情。但问题很妙，看似简单，回答却很困难。更重要的是，简单的问题背后，有很玄的哲学观念。

事实上，借助于对梦幻现象的分析，揭露感觉经验具有欺骗性的方法，也为西方哲学家，如笛卡尔这样的怀疑论者所采用。在《第一哲学沉思集》的第一个沉思中，他提到梦境可以启发我们对觉醒状态时的感觉经验的怀疑：

> 有多少次我夜里梦见我在这个地方，穿着衣服，在炉火旁边，虽然我是一丝不挂地躺在我的被窝里！我现在确实以为我并不是用睡着的眼睛看这张纸，我摇晃着的这个脑袋也并没有发昏，我故意地、自觉地伸出这只手，我感觉到了这只手，而出现在梦里的情况好像并不这么清楚，也不这么明白。但是，仔细想想，我就想起来我时常在梦中受过这样的一些假象的欺骗。想到这里，我就明白地看到没有什么确定不移的标记，也没有什么相当可靠的迹象使人能够从这上面清清楚楚地分辨出清醒和睡梦来，这不禁使我大吃一惊，吃惊到几乎能够让我相信我现在是在睡觉的程度。[1]

---

[1] 笛卡尔著，庞景仁译：《第一哲学沉思集》，北京：商务印书馆，1986年，第16页。

虽然笛卡尔在庄周之后，但作为近代西方哲人，其说梦思路并非承自庄子。依笛卡尔的这段描述，即使在梦中，我们也可以拥有非常清晰的感觉。但梦幻无常，清晰的感觉并非就是可信赖的依据。笛卡尔是借对梦、觉经验可能混淆来否定感知觉的客观意义。其实，做梦过程的切实感觉，只能说明梦者在梦中没有对梦境进行怀疑的能力；如果存在怀疑自己处于梦中的现象，它也是梦的一部分。[2]但这不等于说，人在醒后没有识别梦的可能，只是不能以清晰与否作为区分是否做梦的标准罢了。对梦的甄别，是依据梦与醒的经验存在中断现象而做出的。不管你的梦多逼真，一觉醒来，你就没法跟梦中的其他人继续梦境中的交往经验，如梦中与人合谋做事，但醒来后"合谋者"完全不知情。即使梦中只有你一个人，醒来也无法延续梦中的情节，如不能仍作为蝴蝶起舞。不仅梦、醒有别，梦与梦也有别。例如，你也无法每次入睡都做情节连续的梦，像播电视连续剧那样。换个角度说，其他人不论是曾处于你的梦中，还是与之无关，也都可以助你分辨你的经验是否是梦境。

庄周梦为蝶也一样，"俄然觉，则蘧蘧然周也"。至少，清醒状态的行为能力会中断你梦觉连续的可能。笛卡尔与庄周之梦的差别不在结构，而在叙述者所提的问题上。笛卡尔想表明，我们不能确证我们在所谓觉醒状态的知觉经验，同睡梦中的经验有本质的不同。请注意，他所指的梦与觉的经验者，是同一个人。而蝴蝶梦的问题，"不知周之梦为胡蝶与，胡蝶之梦为周与？"虽然也区分梦与醒，但却怀疑梦与醒可以颠倒过来，把做梦者变成两个可能的主体，一个是周，一个是蝶。"周与胡蝶，则必有分矣。"困难不在知道周、蝶有分，而在确定

---

[2] 有人就把笛卡尔的问题，扩展到梦中"假醒"的分析上来。朱利安·巴吉尼著，张容南、杨志华译：《一头想要被吃掉的猪》，第28则，"恐怖的情景"，上海：上海三联书店，2008年，第82—84页。

谁是梦的主体。梦蝶者是周，这没有问题，庄周醒来就知道。但如果梦周者是蝶，则周的在世本身正是蝶的梦境的内容。按照梦中没有对梦境进行怀疑的能力这一相同道理，所谓醒着的庄周，是没法怀疑或确证他是由蝶梦化而来的客体的。同样，其他人也没能帮庄周做主体还是客体的分别，因为对庄周来说，他能接触的任何人，都可能在他的梦境中。

理论上，把庄周与蝴蝶看成互相联系且平行发展的两种生命状态，与庄周将其觉醒的经验当作生活的常态并无矛盾。因为这种生活无论物理、生理、伦理还是心理，都具有连贯性，即是有秩序（理）的生活。如果有的人做梦做得很特殊，像电视连续剧，每天定时睡觉做梦，不断进入剧情，其结果就是他的每次做梦，就会像常人每天醒来继续昨天的生活一样。那这个梦者，就是在过一种特殊的"双重生活"，因为两种经验均可以有计划、有秩序进行。不过，由于是同一个主体的"双重生活"，他站在任何一种生活的立场，都可将另一生活视为梦境。而周与蝶则是两个互相取代的主体，恰好都没有判断自身的生活为梦境的能力。因此，庄蝶难辨的问题是很难在逻辑上有效澄清的。虽然说蝴蝶会做梦有些匪夷所思，但如果庄周不是梦为蝶，而是代之为某一灵长类甚至是传说中上古的某一神人，无论对梦的结构还是问题的意义，依然有效。设想做连续梦的可能性，决定于能否"制造"梦。制造梦不是做梦，前者是人为的，后者是不受人控制的。黄粱美梦之所以叫"一枕"黄粱，靠的是那个神奇的枕头，那是道士帮书生造梦的神器。它就可以给现代科技带来制造新枕头的灵感，或者不用枕头，就是人机对接的芯片，或是贴在脑门上的电极。试想一下，如果你订制了一个在情节充满魅力的故事中充当主人公的梦，你的梦究竟是"被做"的还是自己愿做的，会有区别吗？

当然，即使我们怀疑每天的生活都是身处梦中，也只能将其作为清醒的生活。正常即清醒。而日常生活中，喜欢或需要做梦者，多半是对现实的不满足者。不满程度低者是想给生活增加更理想的色彩，程度高者则是对现世生活的基本否定。庄子对世俗生活的议论，包含某种悲观主义的心声："一受其成形，不忘以待尽。与物相刃相靡，其行尽如驰，而莫之能止，不亦悲乎！终身役役而不见其成功，苶然疲役而不知其所归，可不哀邪！人谓之不死，奚益！其形化，其心与之然，可不谓大哀乎？人之生也，固若是芒乎？其我独芒，而人亦有不芒者乎？"（《齐物论》）所以"蘧蘧然周"虽然真实，但不如"栩栩然胡蝶"的生活值得向往。

用哲学的术语讲，无论庄子还是笛卡尔，都是怀疑主义者。但两者怀疑的程度与目标不一样：笛卡尔怀疑经验及其派生的知识的可靠性，目标是通向一种主体性的哲学；庄子则怀疑人自我把握的可能，意图在于解构任何主体的观念，颇有"后现代"的味道。前者是认识论，后者是生存论。庄周梦蝶是庄子《齐物论》的最后一章，它以寓言的形式结束全文。齐物论包含"齐物"论、齐"万物"与齐物我三层含义。无论是齐"物论"还是"齐物"论，其实都是人对事物态度转变的产物。而这种对事物态度的转变，从根本上讲，是人对自身态度的转变。它必须把人看作万物的一员，而非它的异类，更不是高高在上的高贵的存在物。这就是齐物我或者齐天人的精神。[3] 而这个寓言正是对齐物我（"此谓之物化"）的一种图解，即人与物本身没有或不应如世俗认为的那样存在严格的界限。从解构主体的宗旨而言，庄学与佛学的破除"我执"有些类似。不过，与佛教如十二因缘说之类的解构方式比，庄子不是提供复杂严密的现象分析，而是借梦境的描述与诘问，把观念呈现在精致生动的思想图像之中。

---

[3] 参考陈少明《〈齐物论〉及其影响》第二章的讨论。

2．梦会髑髅

这个文本见之《至乐》，一般不认为系庄周所作。然它也让庄子以梦者身份出场，主题与庄书有思想线索上的联系，并且，所述情节也甚巧妙。因此，它能丰富我们对庄子梦说的理解，值得一谈。

> 庄子之楚，见空髑髅，髐然有形，撽以马捶，因而问之，曰："夫子贪生失理，而为此乎？将子有亡国之事，斧钺之诛，而为此乎？将子有不善之行，愧遗父母妻子之丑，而为此乎？将子有冻馁之患，而为此乎？将子之春秋故及此乎？"于是语卒，援髑髅，枕而卧。夜半，髑髅见梦曰："子之谈者似辩士。视子所言，皆生人之累也，死则无此矣。子欲闻死之说乎？"庄子曰："然。"髑髅曰："死，无君于上，无臣于下；亦无四时之事，从然以天地为春秋，虽南面王乐，不能过也。"庄子不信，曰："吾使司命复生子形，为子骨肉肌肤，反子父母妻子闾里知识，子欲之乎？"髑髅深矉［颦］蹙頞曰："吾安能弃南面王乐而复为人间之劳乎！"（《至乐》）

这简直就是一出短剧，有人物（庄子与髑髅），有动作（"撽以马捶"，"援髑髅，枕而卧"），有对白（庄子白天自言自语，梦中与髑髅对话）。情节由两个部分组成，上半部是庄子偶遇髑髅，百无聊赖，将其作为解闷的对象。下半部分则是梦中髑髅对庄子问题的回答，将庄子奚落回去。梦的背景与梦境连成一体，提问的是清醒的庄子，回答者则是梦中的髑髅，不违常识，且意义清楚，结构非常巧妙。

庄子揶揄髑髅而连发的五个问题中，除了寿命之限属于常情外，其他关于死亡的原因包括获刑、亡国、自尽及饿毙，几乎都是"死于非命"。文本中只见头颅，不及尸骨，留下身首分离的线索，本就预设着人生没有好下场的前提。而死者的反讽"视子所言，皆生人之累也，死则无此矣"，精准反击庄子的挑衅。接下来，"庄子不信"，当然也同于常人的疑惑。而死者那种扬扬得意的说辞，却让庄子无话可说。这种结果，一方面是庄子没有可反驳的证据，另一方面也意味着庄子默认死者的说法。所有的辩论程式，不都是坚持说到最后者变成赢家的吗？

借助俗称"托梦"的方式来进行的生死对话，可以把不可理喻的观点用合乎常识的形式呈现。死者是否有灵，本来是个可疑的问题。即便真的有灵，如何出现在生者的经验生活中，更是一个难题。梦不但神奇地化解这个难题，同时还把问题通过悬疑的方式摆到读者前面。梦只呈现在梦者的精神世界，它的实感性不需要他人来证实。由于日常经验中能够互相交流的人都是活着的人，故死亡话题便不是实际经验的体现，而是对相关想象的论述。于是梦变成理解死亡的一种独特的途径，一道微弱的光。反对梦的经验投射的可信度的人，也很难有效捍卫死后一定进入悲惨世界或者漆黑一团的信念。而且，它还蕴含着死亡不是漫长的昏睡就是一场无边的梦的意象。这一意象，其实是人类对死亡的一种达观态度。

这种破除对死亡的恐惧的态度，同《至乐》中"庄子妻死，惠子吊之，庄子则方箕踞鼓盆而歌"这一问题相连：

> 惠子曰："与人居，长子老身，死不哭亦足矣，又鼓盆而歌，不亦甚乎！"庄子曰："不然。是其始死也，我独何能无概然！察其始而本无生，非徒无生也而本无形，非徒无形也而本无气。杂乎芒芴之间，变而有气，气变而有形，形变而有生，今又变而之死，是相与为春秋冬夏四时行也。人且偃然寝于巨室，而我嗷嗷然随而哭之，自以为不通乎命，故止也。"

人是意识到自身有限性，而又不愿意停留在有限性上的存在物。所谓生命意识，根本上就是死亡意识，是对诞生、成长、衰老、死亡过程的反思与体验。任何人对自己在这个过程中的诞生与死亡两环节，其实没法直接体验，都是利用间接知识的想象。维特根斯坦说，"死亡并非生命的一个事件。它是经验不到的。如果我们就'永恒'说的不是一种无限的时间绵延，而是非时间性（l'intemporalité）的话，那么，凡是活在当下的人，都永恒地活着"。[4] 孔子说"未知生，焉知死"，其实知生也未必知死。对人而言，生死不是对外物的观察，而是一种内在体验。生从黑暗、未知走向光明、清醒，是令人欢欣鼓舞的开端，而死则很可能相反。即便间接体验他人的死亡经验，能够感受到的基本现象，也不外是临终前的痛苦，以及死与生永远的分离。在这种深切的人类经验的基础上，各种伟大的宗教应运而生。不管是祈求魂归天国的，还是希望精神解脱的；是追求肉身不死的，还是相信大化轮回的，都以各自的死亡信念为前提。

孔子的"未知生，焉知死"，是对未知的终极归宿采取存而不论的态度，强调从人生中领悟生命的意义。其实，当庄子说"予恶乎知说生之非惑邪！予恶乎知恶死之非弱丧而不知归者邪"（《齐物论》）时，同样强调死亡之不可知，未尝与孔子有立场的不同。但是，庄子不以此自限。依其逻辑，既然死亡是未知的，那就存在不同的可能性。黑暗、寂灭、虚无既然只是一种想象，那相反或另类的想象为什么不可能呢？庄子就是喜欢另类的思想游戏：学生说，厚葬是为了防止尸体被老鹰吃掉。庄子说，那埋在地下不是便宜蚂蚁了吗？何必厚此薄彼呢？不是生命没有意义，而是由文明（具体说是礼教）所塑造的生活方式是否合乎生命应有的意义？《齐物论》的这段话，可以再引一遍："一受其成形，不忘以待尽。与物相刃相靡，其行尽如驰，而莫之能

---

[4]《逻辑哲学论》6.4311，转引自皮埃尔·阿多著，张宪译：《古代哲学的智慧》，第211页。

止,不亦悲乎!终身役役而不见其成功,苶然疲役而不知其所归,可不哀邪!人谓之不死,奚益!其形化,其心与之然,可不谓大哀乎?人之生也,固若是芒乎?其我独芒,而人亦有不芒者乎?"梦会髑髅中的髑髅,正是把活着目为"人生之累"。因此,对生死关系的重新理解,成了庄子人生批判的出发点。或者说,其死亡想象,是对所有现世价值的颠覆。价值是以稀缺为前提的,而人世间最稀缺的事物不是财富,也不是精神,而是寿命。如果寿命无限,人生不死,一切都得重新评估。虽然庄子并非肯定生命永存,但他改变生死关系的观念,从而让死亡不再具有原本对生命进行限制的意义。故面对亲人死亡可以鼓盆而歌,哀伤、厚葬等均被目为不符自然。以此为前提,生活的意义当然要重新开启。

3. 梦成哲学

庄子是说梦的高手,并非因为他梦呓连篇,梦想泛滥。《庄子》一书,以庄周名义所做之梦,只有梦变蝴蝶与梦会髑髅两场。其中,髑髅梦也可能只是附骥之作。其精彩或深刻,不仅是梦之情景几可颠倒众生,还在于对梦这种意识现象的生命意义有惊人的理解。下面这则梦论,真可谓千古一绝:

> 予恶乎知说生之非惑邪!予恶乎知恶死之非弱丧而不知归者邪!丽之姬,艾封人之子也。晋国之始得之也,涕泣沾襟;及其至于王所,与王同筐床,食刍豢,而后悔其泣也。予恶乎知夫死者不悔其始之蕲生乎!梦饮酒者,旦而哭泣;梦哭泣者,旦而田猎。方其梦也,不知其梦也。梦之中又占其梦焉,觉而后知其梦也。且有大觉而后知此其大梦也,而愚者自以为觉,窃窃然知之。君乎,牧乎,固哉!丘也与女,皆梦也;予谓女梦,亦梦也。是其言也,其

名为吊诡。万世之后而一遇大圣,知其解者,是旦暮遇之也。

在《齐物论》中,位于这段论述之后的蝴蝶梦,可以看作对上述"且有大觉而后知此其大梦也,而愚者自以为觉,窃窃然知之"这一说法的情景化展示。它讥笑自作聪明的迷失者,以为自己就处在清醒状态,正是自以为是的表现。这是由对主体的怀疑导向物我一体的生命境界。而髑髅梦的主题,则明白无误地正是下述说法的生动注脚:"予恶乎知说生之非惑邪!予恶乎知恶死之非弱丧而不知归者邪!""予恶乎知夫死者不悔其始之蕲生乎!"怀疑自我与怀疑生死,几乎是同样重要且关系密切的问题。

要理解庄子的梦说,必须把它置于前诸子时代深厚的梦文化背景来考察。从文化人类学及有限的文献(甲骨文及"五经")观察,在诸子百家兴起之前,华夏先人古老的世界图式大致就是萨满式的。这种世界观的基本特点是,从人禽杂处到人神共存。前者是自然状态,后者则是文明特征,所谓巫就是后者的结合物,是那个时代精神与权力的首领。巫表现自身威力的方式是巫术,而各种占卜即是巫术的重要组成部分。它通过某种可见的征候预言未来,或用某种象征式的手段干预现实,由此避凶趋吉。占卜包含占龟、占星、占梦、占卦多种形式。其中,占梦是普遍且重要的行为,对殷、周两代政治生活有深刻的影响。据专家考释,甲骨卜辞中反映殷王占梦的内容几乎无所不包。而且,值得注意的是,殷王做的鬼梦特别多,其中有一些殷王亲自占问,有一些梦则通过史官占问。周人灭殷的过程中,梦也起到判断形势、鼓舞斗志的作用。周王有占卜事务总管叫太卜,占梦就是其使命之一。[5] 占梦

---

[5] 参刘文英:《星占与梦占》,北京:新华出版社,1993年,第106—109页;刘文英、曹田玉:《梦与中国文化》,第一编"梦的迷信与占梦之术",北京:人民出版社,2003年,第22—155页。

与其他占卜形式不同，其他方式是主动且需要特殊身份才能进行的。而梦一方面是被动的，它不是做梦者设计或祈求来的；另一方面梦的内容则与经验生活有不同程度的联系，不神圣甚至无知识的人也会做梦。正因为如此，对梦的认识会深刻影响人的世界观，甚至就是世界观的组成部分。由于梦中可能会见已故或未知的人物，它会诱发或巩固灵魂不灭、鬼神有灵的想法。因此，梦的不可控制性便容易被归结为神鬼主宰的产物。托梦说便是这种古老观念的一种概括，而对于梦中意象与现实经验没有直观联系的内容而言，占梦便是重要的沟通人神关系的手段。

以儒道为代表的诸子兴起后，对世界与生活的理解，开始从自然因果或人类本性出发，理性主义的世界观逐渐占了上风。但理智并未完全取代神魅，两个世界并存成为长期的现象。因此，除了占梦得以延续外，还出现新的说梦现象。"自此（战国）以后，在中国古代的梦文化中，我们会清楚地看到两条历史线索和思想线索，一条是梦的迷信，一条是梦的探索。前者把梦作为信仰的对象，后者把梦作为研究的对象，两者有原则的区别，但它们都共处在统一的梦文化之中。"[6] 我们暂且把后者称作究梦。占梦重于后果，究梦聚焦成因。后者采取一种自然主义的态度，并与后来中医的某些观念汇合。如《黄帝内经》便有《灵枢·淫邪发梦》，所谓"正邪从外袭内，而未有定舍，反淫于脏，不得定处，与营卫俱行，而与魂魄飞扬，使人卧不得安而喜梦；气淫于腑，则有余于外，不足于内，气淫于脏，则有余于内，不足于外"（《黄帝内经·灵枢·淫邪发梦第四十三》），即用气的观念解释梦的形成。

此外，有另一种说梦现象，那就是儒家特别是宋明理学发展起来的思梦说。这种观点的基本说法，叫日有所思，夜有所梦。它也从解

---

[6] 刘文英、曹田玉：《梦与中国文化》，第11—12页。

释梦的成因出发,但落脚点在思的问题。孔子梦周公之说,经常成为这类观点的素材。"子曰:甚矣,吾衰也;久矣,吾不复梦见周公。"(《论语·述而》)这一说法意味着,孔子精力好的时候是常梦周公的。东汉王符说:"孔子生于乱世,日思周公之德,夜即梦之,此所谓精梦也。"[7]至宋儒,张载则说:"从心莫如梦,梦见周公,志也;不梦,欲不踰矩也,不愿乎外也,顺之至也,老而安死也。"[8]从王符的"思"到张载的"志",共同点是强调梦由心生,孔子常梦周公,正是长期心仪周公事业的表现。因此,梦成了意识可控的现象。张载甚至把"不梦"说成是已经"欲不踰矩",即意识转变的结果。由此,程颐进一步提出:"盖诚为夜梦之影也。学者于此,亦可验其心志之定否,操术之邪正也。"[9]既然日思或导致梦,而思又有善恶之分,梦自然也有正邪之别。于是,梦便成了反映思的品质的副产品。对梦的检测,便是修身的功夫所在。真不愧是理学家。

如果说,占梦说依迷信,究梦说循自然,思梦说讲道德,那庄子的说梦就是观人生。就思想史的演进而言,庄子梦说是在占梦依然盛行的时代。但其说梦的代表作蝴蝶梦,完全脱离占梦的窠臼。当他提出"不知周之梦为胡蝶与,胡蝶之梦为周与"时,并不认为蝶是某种神灵的化身,也不推测它会为庄周带来何种运气。用蝴蝶象征灵魂,并非庄子的本意。梦只是一自然而然的现象。髑髅梦的情节倒容易成为占梦的素材,因为说梦中的髑髅是某一死者的化身,更顺理成章。问题是,它并非预言现世生活中的处境,而是告知你死后的世界景象,因此没有可占的疑难。同时,这种生死之辩也说不上哪一方更有说服力,只不过它对相信死后世界黑暗者,构成一种质疑的态度。虽然髑

---

[7] 王符著,汪继培笺,彭铎校正:《潜夫论笺》卷七,北京:中华书局,1979年,第315页。
[8] 张载:《正蒙·三十篇第十一》,《张载集》,北京:中华书局,1978年,第40页。
[9] 程颢、程颐:《河南程氏粹言卷第二·圣贤篇》,《二程集》,北京:中华书局,2004年,第1234页。

髑髅梦的背景符合有所思才有所梦的常识，但文本并没有试图给梦的成因做生理或心理的解释。问题的焦点只是假托死者现身说法，以破除世俗对死亡的妄想。真正的托梦者不是亡灵，而是庄周。此外，无论是蝴蝶梦还是髑髅梦，都没有道德含义，儒家人士心目中的正邪之分根本就不是庄子关心的问题。

因此，庄子说梦，不是占梦，也非究梦，更非思梦，而是观梦。此观为以道观物之观。以道观物，所观之结果依然是道。用今日的话来说，就是做哲学梦。但这哲学梦，还得有层次的区分。一层是思想观点，一层是论述方式。庄子这两个梦，几乎没有任何哲学概念。其中，蝴蝶梦中的"物化"一词，也只是一个描述词。但是，究竟是庄梦蝶还是蝶梦庄，那个神奇的问题把梦中主客关系的不确定性毫无遮拦地推到读者的面前。髑髅梦虽系附骥之作，然梦中髑髅关于死之可乐的告白，虽未必令人信服，但对于没有死亡经验的任何人而言，执是与执非都非坚定不移的信念。人生最根本的问题，除了自我，就是生死。庄子对两者均持强烈的怀疑主义的立场，可能是思想史上最彻底的怀疑主义者。人生如梦，这是庄子在传统中刻画的最具影响的思想意象之一。由于庄书大量使用寓言，而寓言主要靠隐喻的方式来传达观念，故人生如梦往往也被理解为生命或生活浮幻、不真实的隐喻。这样说似乎没有问题，但假如只是这样理解，好像又缺少了什么。例如，它应该不像黄粱梦，或者南柯梦，这两者视梦为假象，以此讽刺某些虚假的满足。但庄子不是，他既不把梦看成鬼神主宰的产物，也不断言其为无意义的幻觉，它是精神现象的自然过程。如果梦境是生命体验的一部分，那么，从梦中的立场看待日常生活，不是能深化我们对生活的理解吗？这不是隐喻，而是特殊的思想论证。同理，如果灵魂存在不是生存经验能确定的问题，我们又有何理据足以批驳死亡快乐的说法呢？由于睡梦与觉醒状态往往互相隔绝，它与死生之间的关系有类似之处，只是时间长短的区别而已。因此，梦觉小生死，死生大梦觉。如此理解生命，比漆黑虚无或地狱天堂之说，不是更能抚慰人心，同时也更朴实吗？说梦其实是庄子运用这种特殊意识经验论证其人生观点的独特方式。

把庄子的梦说再重复一下："予恶乎知夫死者不悔其始之蕲生乎！梦饮酒者，旦而哭泣；梦哭泣者，旦而田猎。方其梦也，不知其梦也。梦之中又占其梦焉，觉而后知其梦也。且有大觉而后知此其大梦也，而愚者自以为觉，窃窃然知之。君乎，牧乎，固哉！丘也与女，皆梦也；予谓女梦，亦梦也。是其言也，其名为吊诡。万世之后而一遇大圣，知其解者，是旦暮遇之也。"（《齐物论》）这种论断，只有对"梦之中又占其梦焉，觉而后知其梦也"有足够的想象力者，才能体会。因此，对庄子而言，不是人生如梦，而是人生即梦。庄子对生命的体验，不论人变蝶，还是鱼鸟变鲲鹏，最精彩处都是梦幻式的。说梦，其实就是庄子的哲学表述。

（原载《哲学研究》，2019年第11期）

七 | 广"小大之辩"

　　是否可以这样说，越是司空见惯的现象，越是不假思索的表达，背后蕴藏着的问题就越复杂，因而对哲学家可能就越有吸引力？例如有与无或大与小这种习以为常的说法，在我们的传统中，至少从庄子开始，就成为玄思的对象。不过，自我们从西方把"哲学"的观念引入中国之后，因热衷西方玄学（metaphysics）的缘故，有与无时不时会被提及，而大小或小大之说，除讨论庄子之外，则罕有被当成理论对象来对待。[1]其实，虽然有无是质的不同而大小只涉量的变化，但在一个以"有"为基础的世界，大小正是与之关系最密切的问题。尽管把精妙的情景展示转化成抽象的概念分析是高难度的任务，但本章的论述依然绕不开经典。我们将顺着庄子的视角向前瞭望，最终把目光投向文本以外的世界。

1．论题

　　众所周知，《庄子》开篇为《逍遥游》，而《逍遥游》的第一论题则系"小大之辩"。它既是解读该篇的关键，也是理解庄书思想的重要

---

[1] 当然也有例外，陈嘉映教授的《说大小》（原刊《读书》1999年第3期，后收入《从感觉开始》，北京：华夏出版社，2005年），是近二十年来罕见的相关专题论文。该文为用法决定意义的观点进行了精彩的演示，本章则试图探讨相关语言使用背后的观念机制。

环节。问题从对"大"的想象开始,开篇就用神话般的笔调,记述一个其规模在世间罕有其匹的存在物由鲲变鹏的故事:

> 北冥有鱼,其名为鲲。鲲之大,不知其几千里也。化而为鸟,其名为鹏。鹏之背,不知其几千里也;怒而飞,其翼若垂天之云。是鸟也,海运则将徙于南冥。南冥者,天池也。

这一基本情节随后用类似的文字又重复两次。作为对比的"小"者,则是常见的昆虫与小鸟。而"小大之辩"正是由这几个小生命的窃议引起的:

> 蜩与学鸠笑之曰:"我决起而飞,抢榆枋,时则不至而控于地而已矣,奚以之九万里而南为?"

> 斥鴳笑之曰:"彼且奚适也?我腾跃而上,不过数仞而下,翱翔蓬蒿之间,此亦飞之至也,而彼且奚适也?"此小大之辩也。

就此而言,这个"辩"其实只是小者对大者无知且轻薄的议论,或许鲲鹏根本就不知斥鴳们的存在。作者的评论是:

> 小知不及大知,小年不及大年。奚以知其然也?朝菌不知晦朔,蟪蛄不知春秋,此小年也。楚之南有冥灵者,以五百岁为春,五百岁为秋;上古有大椿者,以八千岁为春,八千岁为秋。而彭祖乃今以久特闻,众人匹之,不亦悲乎!

因此,尽管情节独特,令人印象深刻,但如果囿于文本字面信息,这小大之辩,不过就是大小、高低、贵贱、是非这些非常世俗的二元对比的价值模式的生动展示而已。读者得到的教诲，也不过是人生要提高眼界、开阔胸怀之类的道德说教。[2] 假若如是，庄子的思想魅力必将大打折扣。

幸好郭象提供了一种颠覆性的解读。他不认为存在对眼界狭小者的讥讽，而是强调无论大小，适性而已：

> 夫小大虽殊，而放于自得之场，则物任其性，事称其能，各当其分，逍遥一也，岂容胜负于其间哉！

> 夫质小者所资不待大，则质大者所用不得小矣。故理有至分，物有定极，各足称事，其济一也。

> 苟足于其性，则虽大鹏无以自贵于小鸟，小鸟无羡于天池，而荣愿有余矣。故小大虽殊，逍遥一也。[3]

适性即逍遥，这不仅扭转了文本的字面逻辑，更颠覆了世俗的价值理想。其实，《逍遥游》说"小大"而不说大小，就如把贵贱说成贱贵，把上下说成下上，把明暗说成暗明一样，语序上的倒置，已经暗示着价值结构的变动。郭象不愧为《庄子》第一解人，他的灵感也来自《庄子》，从《齐物论》甚至《秋水》可以找到更充分的依据。《齐物论》就说："天下莫大于秋豪[毫]之末，而大[泰]山为小；莫寿于殇子，而彭祖为夭。天地与我并生，而万物与我为一。"这种对常识的颠倒，背后的根源恰好是对社会纷争的异议："自我观之，仁义之端，

---

[2] 唐君毅先生就持有大优于小的观点，参见其《中国哲学原论·原道篇》（台北：学生书局，1978年，卷一，第349—350页）。
[3] 郭象注，见郭庆藩撰，王孝鱼点校：《庄子集释》，第1、7、9页。

是非之涂，樊然殽乱，吾恶能知其辩！"大小问题实质是价值问题，齐大小与齐贵贱、齐是非，殊途同归。《秋水》虽然出之外篇，但历来受注家重视，公认它得庄子精髓：

> 以道观之，物无贵贱；以物观之，自贵而相贱；以俗观之，贵贱不在己。以差观之，因其所大而大之，则万物莫不大；因其所小而小之，则万物莫不小；知天地之为稊米也，知豪［毫］末之为丘山也，则差数睹矣。以功观之，因其所有而有之，则万物莫不有；因其所无而无之，则万物莫不无；知东西之相反而不可以相无，则功分定矣。以趣观之，因其所然而然之，则万物莫不然；因其所非而非之，则万物莫不非；知尧桀之自然而相非，则趣操睹矣。

这里，从贵贱、大小、有无到是非，通通作为可对位推演的二元结构列在一起，是对《逍遥游》《齐物论》论点的综合。对现代读者来说，随之而来的问题可能是，按事实与价值二分的观点，大小、有无只是认知范畴，而贵贱、是非属于评价问题，两者并不同类，逻辑上无必然联系。所谓认知，是对象与判断具有确定性，可以找到公共评判标准的问题。而在价值问题上，"自贵而相贱"，或公婆各有理，则是比比皆是的现象。为什么可以从大小入手说贵贱？到底是比喻还是论证？如果是论证，则不能在逻辑上跳跃。假如是比喻，则只要特征相似即可成立。但后者是修辞，缺乏说理的力量。也许，这种独特的联系背后有它根深蒂固的原因。要领略庄子的深邃，必须超出文本的界限。

2．常识

大小是生活中再普通不过的用语。在常识中，它是我们从空间打量事物的方式，如大江大海，或小草小花。庄子也是这样看的，所以他说："北冥有鱼，其名为鲲。鲲之大，不知其几千里也。化而为鸟，其名为鹏。鹏之背，不知其几千里也。"几千里长的鱼或鸟，的确大得出奇。但是，比较大小有时并不限于使用大小的字眼，规模较大的事物如山河，我们会转化为高低或远近。高低与远近标示高度与距离，分别是用空间中单一维度来表示大小。鲲鹏之大，也是通过长度几千里来标示的。珠穆朗玛峰比白云山高，或长江比珠江长，实际上也是在比较各自的大小。有时候，我们还把大小变成距离，然后通过特定的速度，折算成运动时间的长短，比如说所走路程用了一袋烟的工夫。庄子则进一步把旅程同准备粮草需要的时间联系起来："适莽苍者，三飡［餐］而反，腹犹果然；适百里者，宿舂粮；适千里者，三月聚粮。之二虫又何知！"他甚至直接把寿命短长称作大年与小年："朝菌不知晦朔，蟪蛄不知春秋，此小年也。"而"以五百岁为春，五百岁为秋"的冥灵，上古"以八千岁为春，八千岁为秋"的大椿，自然都是大年。而我们通常会简单些，说绕山或者环湖徒步，需要三小时或者三天，来表示其面积的大小。丈量宏观规模的对象如宇宙、星际间的距离，有时我们用的尺度是光年。如离太阳系最近的恒星是四点二光年。这样，大小可以借运动速度从空间转化到时间的计算上来。

除了高低、远近或者折算为运动时间来表示事物或空间的规模外，大小有时候可以表示物体的轻重或力量的强弱。轻重或强弱本来不是度量空间的概念，但由于同类的事物中轻者小重者大，它就被转化使用。所以我们说二百公斤重的猪比一百公斤的大，或者说，五十克的黄金首饰比八十克的小。同样材料的物体，体积大比体积小者冲击力要更强，因此也用大小表示力量的对比。能"力拔山兮气盖世"，自然是力量大，而"手无缚鸡之力"者，无疑属于小。虽然不同的物体，通过量的测度，我们可以比较其大小。但通常，我们只是在同类物体中比大小。我们既说大猫，也说小老虎，但并不意味着大猫会比小老虎的躯体实际尺寸更大，因为大猫是跟小猫比，小老虎是对大老虎而言的。同一物体中，总体称大，部分为小。大是小的充足或增补，而小是大的不足或缺失。子贡在齐景公面前，就用泰山与泥土为喻，表明其推崇孔子并非出于夸张："臣誉仲尼，譬犹两手捧土而附泰山，其无益亦明矣；使臣不誉仲尼，譬犹两手杷［扒］泰山，无损亦明矣。"（《韩诗外传》卷八）泰山大泥土小，同类对比很恰当。在常规的譬喻中，罕有用泰山与秋毫，或天地与稊米作大小对比的例子。庄子故意两者并提，正是反其意而用之。《齐物论》说，"天下莫大于秋豪［毫］之末，而大［泰］山为小"。《秋水》则为之训诂："因其所大而大之，则万物莫不大；因其所小而小之，则万物莫不小。"离开特定的参照系，大小的判断会有天渊之别。这样做，正是为了颠覆常识中比较大小的套路。

  生活中，我们不仅用大小表示空间或体积的差别，而且还用大小表达时间的久暂，速度的快慢，质量的轻重，甚至力量的强弱。但是，仔细想想，好像久暂、快慢、轻重、强弱等说法，就很少或者不容易这么方便地互相代替使用。这是为什么？一个可能的原因在于，大小最基本的表现是显示在视觉中的，而视觉是人理解世界既直接又确定且探测范围较广的感觉通道。亚里士多德认为，人类求知需要借助感觉，"而在诸感觉中，尤重视觉。无论我们将有所作为，或竟无所作为，较之其他感觉，我们都特别爱观看。理由是：能使我们认识事物，并显明事物之间的许多差别，引于五官之中，以得于视觉者为多"。[4]而佛教把现象称作"色"而不是声或臭、味，也意味着其对视觉的强调。简单分析可知，听觉虽然可以感知遥远的声音，但通过声音辨识事物（人类语言除外）的有效程度要低。说我看到的，比说我听到的，可信度要高。触觉有时可以破除视觉上的错觉，但只有近距离才起作用，故范围有限。嗅觉、味觉的局限就更不用说了。时间、速度、重量、力量等等，可能都不像体积那样直接呈现在视觉中。或者说，我

---

［4］ 亚里士多德著，吴寿彭译：《形而上学》，北京：商务印书馆，1983年，第1页。

们是借物体形态的变化,推测其他特性的存在及变化的。例如,离开阳光(及相关阴影)的位移,离开物体位置或结构的变化,我们不会感知时间现象。这些变化呈现在视觉中,我们由此"看"到了时间甚至速度。西方人用"我看到"(I see)表示我明白,而我们用"我看到"表示对判断的确信无疑。我们还把如何理解事物叫作"看待"事物的方式,而看待事物的结果,则称之为"观点"(viewpoint)。在西方,那种特别强调观点随视角的变化而变化,着眼于解释的主观性,或者具有相对主义倾向的哲学——像尼采那样——则可冠名为"视角主义"或"透视主义"(perspectivism)。也许这就是为何同属认知范畴,大小比久暂、快慢、轻重、强弱等其他结对的词语,在生活中更具普遍性的原因。庄子正是指点我们从最普通的现象中看出不寻常。

3.观念

大小本来是起源于比较三度空间的事物的用词,但它也被扩展并广泛运用于对观念(idea)现象的评价。观念不存在于世界而存在于人的思想,而思想是没法用三度空间来安置或度量的。汉语中的观念与观点相关,都有一个"观"字。汉语的观字原意是观看或观察,如:"孔子观于东流之水,子贡问于孔子曰:'君子之所以见大水必观焉者,是何?'"(《荀子·宥坐》)观字本为动词,可一旦观出可以定格的内容来,它就成为名词观点或观念,是某种主张或立场的代称,犹如今日之"三观"(人生观、世界观与价值观)。这只意味着这些观念或思想内容与对世界的理解有关,但它本身没有"栖身之所",就连存在于大脑的说法也不对。但是,观念是复数,且观念与观念之间存在不同的关系。有些关系源于其所对应的经验结构,有些关系则是观念的内生机制。换句话说,有关于事物的观念,也有关于观念的观念。于是,我们模拟经验世界给它安排秩序,由此就用思想现象、观念世界之类的语言来表示它们。这自然也就产生对观念的位置与作用进行评价的大小、先后、上下甚至轻重、强弱、软硬之类词语的运用。当然，下文的焦点还是放在大与小上。

观念表现为概念或者理论。有一本书叫《西方大观念》，系由各种基本概念构成的大辞书。[5]其中，关于观念的词条这样说："大观念也是我们借以考虑问题的概念。它们是我们借以阐述基本问题的术语；它们是我们在界定问题和讨论问题时所使用的概念。它们代表我们的思想的主要内容。它们是我们思考的内容，也是我们思考的对象。"[6]翻开目录，它至少包含两类概念类型。一类如存在、自然、动物、人、世界、国家或家庭等，一类如美、真理、快乐、命运、定义及形而上学等。前者属于指称经验事物的概念，被描述的对象在三度空间存在。虽然我们不能靠视觉来判断，但可以从经验出发推断或想象其规模之大小，称之为大观念比较容易理解。后者则不然，它们并不直接指涉经验现象。但这些观念细分起来，也有区别。有的属于观念的观念，如定义或形而上学。有的则指向人的精神生活，如快乐、幸福、智慧等等。中国文化中的心与性、道与理、仁与义，以及庄子《人间世》所说的"无所逃于天地之间"的"命"，还有西方传统中的上帝与理性等，自然也是大概念。那么，为什么没有经验尺度可衡量的观念也可以称之为"大"？原因可能是其较为抽象或者理解起来复杂，但最主要的是其意义重要。概言之，它们是在理解生活或思想时处于关键地位的观念。而所谓关键，就是构成理解其他观念或问题的前提。诺夫乔伊（Arthur O. Lovejoy）写了一本《存在巨链——对一个观念的历史的研究》（*The Great Chain of Being: A Study of the History of an Idea*），其所界定的观念史对象，就是历史上对思想文化有巨大影响

---

[5] 陈嘉映等译：《西方大观念》，北京：华夏出版社，2008年。
[6] 同上书，第596页。

力的观念,例如以存在为核心缠绕起来的观念丛结。[7]其实,就如人世间有权势的人物叫作大人物,影响深远的事件称大事件,支配其他观念的观念,自然就是大观念。这个大,汉语表述为重大甚至伟大。

  观念可以是以概念为中心的观点或者想法,也可以是某些系统的理论或学说。不同的理论也有大小之别,其判断方式同样分两个类型,一是从论题所衍射的经验的规模来确定,一是从理论的重要性来评价。黑格尔哲学体系,其所涉内容从宇宙、自然到精神,从人、社会到文化,从宗教、艺术到哲学,堪称包罗万象,即使从规模上看,也是大哲学,何况其重要性在西方哲学史上还是一座高峰。以色列新锐的历史学家尤瓦尔·赫拉利(Yuval Harari)的《人类简史》[8],虽然篇幅远小于很多世界史的通论式著作,但其视野之开阔与思考之丰富,列为大学说也当之无愧。默顿在社会学上提出"中层理论"的概念,他说:"中层理论既非日常研究中大批涌现的微观而且必要的操作性假设,也不是一个包罗一切、用以解释所有我们可观察到的社会行为、社会组织和社会变迁的一致的自成体系的统一理论,而是指介于这两者之间的理论。"[9]这不大不小的选择,恰好表明社会学家可以根据研究对象的规模来确定其论域的宽窄。

  问题在于,一些重要的思想学说所分析的经验事实并非超大规模的对象,但其论证的内容却撼动人们习以为常的观点,它同样是大观念。我们可举两个有代表性的例子,一个是库恩的《科学革命的结构》,一个是福柯的《疯癫与文明——理性时代的精神病史》。库恩的这本书是关于科学史的理论著作,它从哥白尼革命的案例分析出发,

---

[7] 诺夫乔伊著,张传有、高秉江译:《存在巨链——对一个观念的历史的研究》,南昌:江西教育出版社,2002年。
[8] 尤瓦尔·赫拉利著,林俊宏译:《人类简史 从动物到上帝》,北京:中信出版社,2014年。
[9] 罗伯特·金·默顿著,何凡兴、李卫红、王丽娟译:《论理论社会学》,北京:华夏出版社,1990年,第54页。

批判传统所认为的科学是不断排除错误、累积知识的进步过程这样的观点，提出一个以研究范式为核心的新的解释模式。其新说削弱了科学与客观性的联系，强化了科学家个性与社会文化对科学解释的影响。虽然其立场未必得到科学界甚至哲学界的有力支持，但是它影响了人文和社会科学的很多领域。福柯的《疯癫与文明》，从法国古典时期社会对癫狂病人的偏执、非人道的态度以及制度的分析与批判入手，揭示这态度背后的信念与理性见解的关联，即把精神病看成道德上的恶，同时赋予社会剥夺"非理性的"病人自由的权利，理性成为迫害者的帮凶。其意义在于批判西方文明的根本观念——理性。两者都从分析历史现象出发，一是科学史，一是精神病史，但其反思都指向西方以至整个人类思想的根基，是真正的大观念。

上述大观念，可分为规模巨大和意义重大两类。意义重大区别于规模巨大，一般称为伟大。当然，通常从事知识或观念研究的人，所处理的问题也有相对大小之分。这个分别，也可以从规模与价值两方面衡量。很多文科教师指导学位论文的策略，是强调"开口要小，挖掘要大"。所谓开口小，指的是处理题材范围不能太大，太大的话资料太多，且问题复杂，有限的时间内处理不好，就会空洞无物。但题材小不一定问题就小，关键在于问题意识，能否做出有意思的文章。林放向孔子问礼，孔子赞他"大哉问"，就是表扬他问题意识好，或提的问题有意义。同样的题材，所致结论对相关论域的理解有深浅之分，影响自然有大小之别。思想或学术的使命，当然是取意义大者为好。

从事物的大小转化为观念的大小，看起来有两条基本途径。一是由类比而来，面对经验的问题，把论域与对象的规模对应，由此区分观念的大小。另一种是从隐喻而来，把有意义的问题称为大问题，因为它处于观念网络的关键位置，是众多需要解决的问题的前提。关键即重要，有时也称重大。这个重也是因大的联系引申而来的。

4．价值

同样与大字相关的概念，巨大、庞大，同重大、伟大的含义很不一样。前者描述事实，后者则赋予意义。但汉字的构词法让我们有可能直观到后者从前者而来，有些其他语言有时没有这个方便，如 big、huge 与 great，就无法建立这种直观。小也是这样，细小、微小，同渺小、宵小，与说大的结构相同。这就可以理解，为什么庄子会把有无、大小同贵贱、是非串联起来，因为人类（至少我们中国人）有重大轻小甚至尊大欺小的倾向，价值取向就蕴藏在认知结构中。

古文字中，无论甲骨还是小篆，大的原型都像个人。《说文解字注》："天大，地大，人亦大焉。依韵会订，象人形。老子曰：道大，天大，地大，人亦大。人法地，地法天，天法道。按天之文从一大。则先造大字也。人儿之文但象臂胫。大文则首手足皆具。而可以参天地。是为大。"[10] 可见，尊大崇大之风已是自古有之。有趣的是，这个解释认为，大是从人身上引申而来，然后才用到天与地上面的。

作为大的原字的人形，是四肢向外伸展的。不像今日许多公共场所的人形标志，手脚并拢，非常拘谨。伸展比之并拢，对空间要求自然要更大。人是一个物种，也在三维空间生存。作为生物品种的人，身体不仅需要可以伸展活动的余地，同时需要消耗自然资源来维持其成长或生存。这些自然资源蕴藏在自然空间，空间越大资源越丰富。同时，每个个体体型大小不一，获取资源的能力会很不一样。在狩猎或耕战的年代，身体大小显然是力量强弱的基础。但文明的发展不是靠单打独斗，也非单纯靠体力取胜，而是需要思想与组织。因此，"力拔山兮气盖世"的霸王（项羽），未必斗得过"手无缚鸡之力"的书生（韩信）。人高马大、身强力壮只是体现自然人的力量，社会人的力量

---

[10] 段玉裁：《说文解字注》，上海：上海古籍出版社，1981年，第492页。

则以其在社会关系中的地位为基础。后者不是一对一的较量，单一个体体能的强大意义并不大。说到底，能有效支配他人的人，就是控制社会资源的人，也就是在社会空间有权位的人。世俗赞扬人建功立业，往往说他打拼出自己的天地。而自然空间的资源分配，正是由社会空间的结构决定的。这样，人之大就不是高大，而是伟大，如三代的圣人，才有力量如子贡所说"博施于民而能济众"。

这样看，社会生活中的尊大求大，其实就是一种力量崇拜。这种倾向渗透在整个人类文化之中。我们赞扬高瞻远瞩、胸怀大志的人，鄙视鼠目寸光、贪图蝇头小利的人。我们称赞建立丰功伟绩的人，轻视一事无成的人。我们用大人与小人、大器与小器来褒贬品格相反的人。或者说，"贤者识大，不贤者识小"。当然，人们也能举出不少对"小"的重视的言行，例如"治大国若烹小鲜"，喜欢小巧玲珑，甚至欣赏小家碧玉。与之相应，人们也有对大的警惕，如"大有大的难处"，或者像惠施一样"拙于用大"，同时也对好高骛远或好大喜功有所批评。其实，这种护小同求大并不矛盾。求大是追求权力或利益最大化。而这种追求的过程，需要相应的代价。如果代价与回报对等，那是不够合算的买卖。因此，需要讲求小的代价与大的利益。而小者便于操纵，有时是易于支配的象征，就像智能手机好过笨拙的"大哥大"。无论考虑减少代价还是方便控制，都是对利益的追求与权衡。至于对好高骛远或好大喜功的批评，则说明这种文化中对盲目求大存在一种制衡的思想倾向。它不仅来自道家，也为儒家所持守。

前面提及，整体上作为自然人的力量远不及社会人，就如很多野兽凶猛无比，但地球的统治者最终是人而非野兽一样。然而，芸芸众生，为何少数的某些人能比其他更多的人获取更多权力或取得更有影响的位置？可能的解释就是这些人拥有出色的思想能力，部分也有运气的成分。这种能力包括在特定的社会环境利用形势获取权势的能力。说服与压制都是能力的组成部分。思想是可以超越身体的，这就又涉及观念力量的问题，它包括策略与品德。在能与德之间，我们的传统更推崇后者。三代圣人一般是权力与美德的完美结合，孔子以后的圣人就以德为准。子贡论孔子，基本上是用"高大深"来形容其形象的：

> 他人之贤者，丘陵也，犹可逾也；仲尼，日月也，无得而逾焉。人虽欲自绝，其何伤于日月乎？多见其不知量也！（《论语·子张》）

> 夫子之不可及也，犹天之不可阶而升也。（《论语·子张》）

> 臣终身戴天，不知天之高也；终身践地，不知地之厚也。若臣之事仲尼，譬犹渴操壶杓，就江海而饮之，腹满而去，又安知江海之深乎？（《韩诗外传》卷八）

何谓伟大？宽广的胸怀，高远的眼界，就是最好的形容。宽广要容纳众生，高远能引导前程。陆九渊曾言，学圣人就是要"先立乎其大者，而小者不能夺也"。价值领域，精神世界更需要大格局。从身体的大，到资源的大，再到权力的大，最后是精神的大，不管是基于经验，是通过类比，还是借助隐喻，这些"大"在思想上是有深刻关联的。好大其实是文明的积习。

5．哲学

那么，辩"小大"究竟是不是在论哲学？其实，哲学本无固定的对象，就寻根问底以析理的方式探讨现象背后的机制而言，前面每一节都是在谈哲学。但本节说的哲学，是指哲学史上积累的哲学知识或理论。换一种问法,就是"大小"究竟属于什么哲学范畴?熟悉教科书的读者应该很快就联想到"辩证法"三个字。当然,它不是苏格拉底而是黑格尔的辩证法,前者的方式是通过辩论诱导对话者深入思考,后者是认识事物本性或者理解事物的重要方法,所谓一分为二或对立统一的立场或观点。这样,不仅大小,其他如多少、明暗、远近、高低、宽窄、长短、前后、上下、深浅,以及刚柔、硬软、张弛、起伏、冷热等,每对词都有类似的结构关系,此即所谓相反相成。其实,它不是对事物属性的刻画,而是理解事物的方式。同一事物,从不同角度着眼,可以获得相异甚至相反的评价。而任何一对概念都可运用到不同的事物。

当然,不是任何结对的概念都是理解事物的方式。例如男女、父子、君臣,看起来也是相对而存的关系,但是,这类词组是对某些人事关系的归类,它不能广泛运用到任何人事关系,更不能放到物上面。然而,混淆两者区别的大有人在。另一方面,还有一类对事物进行评价的对立范畴,如好坏、贵贱、善恶、美丑、是非等。但它们与大小、多少还是不一样,虽然都是理解评价的范畴,都可以运用到不同的事物,但是价值评价是非、好恶明确,而大小多少却没有固定运用尺度,如一米长的猫是巨猫,而一米长的虎则只是小虎。在儒家传统中,面对大小多少的取舍,可以强调平衡,掌握适当的度,保持某种质的稳定性,或者叫执中的思想方式。而对是非善恶的态度,儒家没有讨价还价的余地。只是如前所述,大小的运用被倾向化,它与视觉对人类生存意义的重要性相关。由此导致这种理解与评价的趋同,成为世俗化的取向。因此,《秋水》的作者把有无、大小同贵贱、是非联系起来,正是基于其深刻的洞察力。

谈过辩证法之后,我们再来看形而上学。在相当长的一段时间,我们的教科书喜欢把两者对立。把形而上学界定为一种静止、孤立、片面地理解事物的方式,是受黑格尔影响的结果。"小大之辩"肯定不属于这种范畴。如果它与形而上学有关,那是亚里士多德意义上的哲学问题,即研究关于存在(或存有)的学问。存在的第一个问题,自然是"什么是存在"(或者译为有、是)?但海德格尔不满足于这种提问方式,在论及形而上学的基本问题时,他就提出"究竟为什么在者在而无反倒不在"。[11] 中国有没有西方意义的形而上学,是个有争议的问题,不适合这里讨论。但我们可以稳妥地说,庄子提出过有与无的关系问题。《齐物论》说:

> 有始也者,有未始有始也者,有未始有夫未始有始也者。有有也者,有无也者,有未始有无也者,有未始有夫未始有无也者。俄而有无矣,而未知有无之果孰有孰无也。今我则已有谓矣,而未知吾所谓之其果有谓乎,其果无谓乎?

这是从宇宙(万有)开端的假设无限前推,从而导致"有""无"区分不清的论断。引文"有有也者,有无也者"这个句子中,第二个"有"字和"无"字一样,显然就是名词,动词名词化,"有"类于西方哲学中的being。形而上学的基本范畴直观上是有(存在),但什么是有(存在)呢?简明的回答是:有非无。这就是说,离开无的概念,我们无法理解有。所谓"有无相生",不仅局部现象如此,对世界的整体理解也如此。因此,有无是理解世界的第一对范畴。

然而,与"有"不同,"无"不是"东西",它没有出现在经验世界。它只是理解"有"的思想条件。要进一步理解"有",必须进入现象即物的领域。而要了解物性,就必须从其基础入手,寻求共同的构成者。自古以来,至少有两种假说,一种是元素说,一种是数论,两者都与大小的理解相关。元素是对物体无限分解的假说,即设想一种

---

[11] 海德格尔著,熊伟、王太庆译:《形而上学导论》,北京:商务印书馆,1996年,第3页。

构成物质的无限小的材料。而从自然数的构成看，其无限叠加是积少成多的过程，同时也是小数目变大数目的过程。元素说是整体与部分的关系，数论则是多与少的关系，都可视作大小关系。而形而上学的对象是大，否则就是常识与各种经验科学的任务。其实无论是西方的metaphysics还是中国的道，都是以大（或无限）为讲求。故老子曰："吾不知其名，字之曰道，强为之名曰大。""道大，天大，地大，人亦大。域中有四大，而人居其一焉。人法地，地法天，天法道，道法自然。"（《老子·二十五章》）这四大中，道最大，它是"至大无外"之大。[12]然而，这个大道的构成者，却是基于对极微弱现象的猜测："视之不见名曰夷。听之不闻名曰希。搏之不得名曰微。此三者不可致诘，故混而为一。其上不皦，其下不昧，绳绳兮不可名，复归于无物。"（《老子·十四章》）"至小无内"者，自然近于无。老子哲学中的道，无论是对经验事物的推测，还是对价值领域的隐喻，都可借大小关系来理解。但假如再具体一点，打量各色各样的存在物，那么最能直接对之进行分辨的，就是对规模或体积的比较，简言之，就是观大小。关于大小与有无的关系，还可以从庄子《齐物论》中的另一说法窥其大意：

> 古之人，其知有所至矣。恶乎至？有以为未始有物者，至矣，尽矣，不可以加矣！其次以为有物矣，而未始有封也。其次以为有封焉，而未始有是非也。是非之彰也，道之所以亏也。道之所以亏，爱之所以成。

这四个等级中，最高级是"无"（"未始有物"）；次一级是"有"而不分，其实等同于无；第三级是开始有分别，即"以为有封焉"，封

---

[12] 李巍有：《〈道德经〉中的"大"》，《中山大学学报》（社会科学版），2015年第3期。

就是界线。而对物的分别，即从观大小开始。不同品类有大小，同类品种也有大小。大小是紧跟着有无而获得普遍性的。"至大无外"的大就是有或存在，而"至小无内"的小，则近于无。微不足道者，人们可以忽视其存在。大小之外的其他观察角度，如多少、远近、高低、宽窄、长短甚至明暗等，只不过是服务于空间大小的区别而已。有了这一区别，物的内部及物与物之间才有前后、上下、深浅的排序。一句话，它使我们获得关于事物的秩序感。各种抽象价值的关系或者我们的精神空间，正是在这一基础上通过隐喻建立。这正是人类理性的表现。

结　语

回到庄子，以道观物。大小是人理解世界的方式，不是世界本身的客观特性，而崇大、尊大与人追求扩张自己有限的力量相关。但有限的人对物的支配也总是有限的，不明白这一道理，总是用支配物的眼光打量世界，会有适得其反的后果。大与小是相对的，没有固定的尺度，因此，不可避免将导致对大的无休止的攀比、追逐与竞争。这样便导致庄子所描述的情势，人人"与物相刃相靡，其行尽如驰，而莫之能止，不亦悲乎！终身役役而不见其成功，苶然疲役而不知其所归，可不哀邪"（《齐物论》）。这种悲哀，根子上是与不明智的生命态度相关。要解决这一问题，不能一味在扩展权势、攫取财富上打主意，而要深化我们的精神空间，用美善的眼光打量世界，打量人生。尊重物，尊重同类，尊重自己。眼光从物质转到精神，就是从有到无。

小大之辩，大矣哉！

（原载《人文学衡》第一辑，浙江大学出版社，2019年）

八 "庖丁解牛"申论

把宰牛同养生联系起来,亏庄子才想得出来。通过讲故事来论道理,在先秦诸子中比比皆是,不是庄子的独创。庄子的特出之处,不仅是情节生动,更在于其道理超凡脱俗。它不像孟子那样孜孜不倦追求向善的伦理说教,也绝非韩子以成功为导向的漠视善恶的行为策略,而是超越是非与成败的形上学宣言。相对而言,孟子大气,韩非子冷峻,而庄子睿智。这种叫作庄子寓言的文体,几乎是创造了一种哲学式样。因此,读庄子不是一般美学意义上的欣赏,而是一种哲学思考的训练与检验。我们就把对庖丁解牛的解读当作一次复习经典的功课吧。

1. 文本

庖丁解牛见之《养生主》,内容如下:

庖丁为文惠君解牛,手之所触,肩之所倚,足之所履,膝之所踦,砉然向然,奏刀騞然,莫不中音。合于桑林之舞,乃中经首之会。

文惠君曰:"嘻,善哉!技盖至此乎?"庖丁释刀对曰:"臣之所好者道也,进乎技矣。始臣之解牛之时,所见无非[全]牛者。三年之后,未尝见全牛也。方今之时,臣以神遇而不以目视,官知止而神欲行。依乎天理，批大郤，导大窾，因其固然。技经肯綮之未尝，而况大軱乎！良庖岁更刀，割也；族庖月更刀，折也。今臣之刀十九年矣，所解数千牛矣，而刀刃若新发于硎。彼节者有间，而刀刃者无厚；以无厚入有间，恢恢乎其于游刃必有余地矣，是以十九年而刀刃若新发于硎。虽然，每至于族，吾见其难为，怵然为戒，视为止，行为迟。动刀甚微，謋然已解，如土委地。提刀而立，为之四顾，为之踌躇满志，善刀而藏之。"文惠君曰："善哉！吾闻庖丁之言，得养生焉。"

同庄子许多寓言一样，庖丁解牛也十分玄妙。玄在于它以道进技、超越技能的观念展示。妙则在于它故事生动、情节神奇。对此等华章，注《庄》大家自然不会轻易放过。不过，相对而言，前期注家更贴近文本，如郭象，仅以"以刀可养，故知生亦可养"概括其旨。[1]而随时代变迁，解者对它的重视与发挥，似乎有不断加强的趋势。较夸张之论，有佛门憨山的说法："此乃一大譬喻耳。若一一合之，乃见其妙。庖丁喻圣人，牛喻世间之事。大而天下国家，小而日用常行，皆目前之事也。解牛之技，乃治天下国家，用世之术智也。刀喻本性，即生之主，率性而行，如以刀解牛也。"[2]"故结之曰：'闻庖丁之言，得养生焉。'而意在至人率性顺理，而无过中之行，则性自全，而形不伤耳。善体会其意，妙超言外。此等譬喻，唯佛经有之，世典绝无而仅有者，最宜详玩，有深旨哉。"[3]今人钟泰推崇儒家，则谓"故庄子言'养生'，犹孟子言'养性'，非世俗之所谓养生也。世俗之所谓养生，养形而已矣"。[4]也就是说，憨山视其喻治世理事，钟泰则比作修

---

[1] 《庄子集释》，第124页。
[2] 释德清：《庄子内篇注》卷二，上海：华东师范大学出版社，2009年，第65页。
[3] 同上书，卷二，第66页。
[4] 钟泰：《庄子发微》卷一，上海：上海古籍出版社，1988年，第64页。

心养性,视角因立场而异。然视点不同、跨度甚大的注解,表明文本存在很大的理解空间。与传统注家将它放在整篇《养生主》中一起疏解不同,当代论者则有对之著专文讨论之举,较著名者如庞朴的《解牛之解》,新义迭出。[5]

本章在前哲时贤的基础上,继续解牛之解。作者的问题是:庖丁所好之道,究竟是解牛之道,还是通过解牛得以体现之道? 如果是后者,道意味着什么? 与此相关,是器与技的关系,对道的把握提供什么样的洞见? 最后,事件对养生的启发,到底是一种隐喻,还是意义的直接呈现? 依故事诸要素,按技、道、器、命诸问题,下文展开逐步分析。最终的指向可能涉及对技术哲学、形上学以及生命意义的理解。

2.技术

见识庖丁手舞足蹈、神乎其技的解牛表演之后,文惠君的第一个反应是:"嘻,善哉! 技盖至此乎?"而庖丁的回答"臣之所好者道也,进乎技矣",虽然区分道、技概念之不同,但随后的解释,依然是对其操刀经验的真切描述:"始臣之解牛之时,所见无非[全]牛者。三年之后,未尝见全牛也。方今之时,臣以神遇而不以目视,官知止而神欲行。依乎天理,批大郤,导大窾,因其固然。"由此可见,在文惠君未有"善哉! 吾闻庖丁之言,得养生焉"的结论之前,把道看成技的内在意义,完全合乎逻辑。

即使力辩养生为养性而非养形的钟泰,也对其技术意义有独立的评论:

---

[5] 陈赟的《论"庖丁解牛"》[《中山大学学报》(社会科学版),2012年第4期]也颇有理趣。

"所见无非牛者",用心之一也。《达生篇》承蜩者之言曰:"虽天地之大,万物之多,吾不反不侧,不以万物易蜩之翼,何为而不得!"彼云唯蜩翼之知,此云"所见无非牛",正一意也。后世如张旭之善草书,见担水者争道,见公孙大娘舞剑器,而书皆大进,抑亦可谓所见无非书者矣!盖诚用心于一艺,即凡天下之事,目所接触,无不若为吾艺设者。必如是能会万物于一己,而后其艺乃能擅天下之奇,而莫之能及。技之所为进乎道者,在此。[6]

钟泰把庖丁解牛同张旭草书相提并论,对"所见无非牛"的说法,同通常理解略有出入,但其目的在于说明,所有精湛技艺的养成,都有一个专心致志、聚精会神的训练过程,都有类似的把客观经验内在化,最终达致对事态完美掌控的经验。任何行当之出类拔萃者皆由此而来。

"所见无非[全]牛者",应指在学习的初级阶段,你还没学会对对象的控制,找不到所谓"抓手"处,对象整个"堵"在你的眼前,它只是作为一个有待克服的障碍而存在。而"三年之后,未尝见全牛也",意味着经过一定程序的训练后,你已经掌握相关的工作技能,在处理事物时能够不为外在的表象所迷惑,直达事物的关键,让问题迎刃而解。而"以神遇而不以目视,官知止而神欲行"则是进入高级阶段,它超越外部感知,掌握了只能意会不可言传的操控技能,精准施为,达到出神入化的境地。事实上,庄书对神奇之技的描写一直情有独钟。例如,轮扁对桓公言"斫轮,徐则甘而不固,疾则苦而不入。不徐不疾,得之于手而应于心,口不能言,有数存焉于其间。臣不能以喻臣之子,臣之子亦不能受之于臣,是以行年七十而老斫轮"(《天

---

[6] 钟泰:《庄子发微》卷一,第68页。

道》),强调的是得心应手,不可言传。又如,"郢人垩慢其鼻端若蝇翼,使匠石斫之。匠石运斤成风,听而斫之,尽垩而鼻不伤,郢人立不失容"(《徐无鬼》),体现的则是高度默契、神工鬼斧的传奇。

不过,具有现代经验主义倾向的哲学观察,更乐于把它理解成所有操作训练的基本进程及节奏。它不限于神奇的技能,也包括人伦日用之间的生活经验。汉学家毕来德就把这"所见无非[全]牛者","未尝见全牛也",以及"以神遇而不以目视",描述为人类技能训练普遍经历的三个阶段。他举例说,倒一杯水,使水不溢出水杯;切几片面包,使每片面包完整同时厚度均匀,同样会经历类似的练习过程,更不用说像练骑车、说外语或者弹钢琴等更复杂的训练。在毕来德看来,庄子借庖丁之口所概述的,正是这种普遍经验的升华。他强调说:

> 我不是说那些在实验室里进行的实验,也不是说我们在生活过程中,或是在某一职业中积累起来的那些经验,也不是我们某一次,在某个特殊场合所感受到的某种具体的经验。我所谓的经验,指的是我们一切有意识的活动的基础。我们非常熟悉这一基础,但一般并不注意它,因为它离我们太近,而且太过普通。我们平常不关注它,但是可以逐渐去察觉它,去认识它。这需要培养一种特殊的注意力,而要读好《庄子》,正好需要培养这样的注意力。[7]

虽然传统《庄子》注家也不否认技是道的经验呈现,但毕竟是把施技当作妙道的一个例证,甚至可以是借以学道的一种途径,而不会把焦点放在技之道上。所以,只有神技才能承担载道的重任,普通的雕虫小技绝不会有见道的本钱。毕来德把眼光向下转移,他着眼的就

---

[7] 毕来德著,宋刚译:《庄子四讲》,北京:中华书局,2009年,第11—12页。

是一切日常操作的共通经验。所以，他强调对这种道要通过"看"来获得，借助现象描述去传达。这个道，自然不是听而不闻、搏而不得、观而不现的形上学对象。他把道译作"运作"，即内在操作过程。道便不是能笼罩万有的形上本体，而只是技的内在运作与逻辑。从概念上看，它的涵盖范围似乎是缩小了。但从经验上看，它应该更具普遍性，因为它更为普通人所能理解与运用。虽然，讲技之道逻辑上并不否定有超技之道的存在，但视角的转移，则让现代哲学体现其在庄学领域的存在感。

作为汉学家，毕来德的观点固然不同于传统庄学，但也不是西方理性主义的翻版。他心仪后期维特根斯坦那种"不要想，而要看"的思考方式，并把这种思路同随处见道的庄子哲学结合。同时，这种对技的重视，可以说是一种技术哲学的揭示。只是这种技术哲学关注的并非逻辑实证主义那种机械生产式的技术，而是一种有个性的技艺，是与人的本性更契合的一种事业。其意义将在后面继续讨论。

3．道体

庄子虽在汉代被归为道家，但庄书中的道不是老子的道，不像是一个意义统一的范畴，《齐物论》"是非之彰也，道之所以亏"的"道"，与《知北游》中"每下愈况"之"道"，用法就很不一样。但庖丁"臣之所好者道也，进乎技矣"的回答，不管你如何理解其道的含义，它就是一个不折不扣的哲学概念。这道、技关系就像道、器结构一样，是对称的。哲学家们更有理由把它往更加形而上的方向阐释。而且，也能做到有理有据。不信，我们来看看庞朴的《解牛之解》。庞朴把解牛之道理解为一种实践哲学。他同样并不为神乎其技的传述所炫惑，但也非对技术操作要义做哲学探讨，而是以解为喻，揭示更广泛的哲学问题。他从庖丁对三种运刀能力的描述中，看到族庖、良庖

和道庖所代表的三种境界或水平。在排次最高的道庖那里,其境界已经如此:

> 刀与牛,牛与人,不再是对象、工具、主体三者鼎立对立的关系,而是浑然一体,无分内外彼此,不知手之运刀、刀之解牛而牛竟解,或者说,已经由解牛行而不是行解牛了。[8]

达到此一境界不是一朝一夕之功,而是一个漫长的学与练的过程。他用辩证法的正、反、合诠释庖丁的解牛三段论。第一阶段,所谓"所见无非[全]牛者"的牛,还是一个混沌,而人是一个莽汉,以物观物,故不得其门而入。第二个阶段,之所以能"未尝见全牛也",是因为牛是已经分析开来的合成物,而人是只知分解世界的理智者,主客以此凑成了所谓的理性主义。而第三阶段的牛是"天理",人是"神欲",以天合天,故而"技经肯綮之未尝"。第一阶段和第三阶段,对象牛都是以整体面貌出现,主体人都是全身心地投入。这显然是黑格尔式的辩证法模式的运用,可也类似禅宗式的"见山是山""见山不是山"与"见山又是山"的三段式的影子。由此,庞先生引申出对理性主义的二元对立的批评。

用黑格尔的辩证法诠释庖丁解牛的经验历程,在着眼于时间性这一点上,颇有见地。不过,更重要的还不在对解牛经验的解释是否具有确切性,而在于对道的性格的把握,强调它的实践性而非思辨性。汉语中的道,作为哲学范畴,是一个与西方的逻各斯大致对称的概念。两者都在漫长的思想史中演化出具有形而上特征的思想范畴,但追溯各自原本的词义,却有道路与言说的不同。道的原始意义是路,"人生

---

[8] 庞朴:《解牛之解》,载《当代学者自选文库·庞朴卷》,合肥:安徽教育出版社,1999年,第456页。

在世，除了行走以外，更多的活动是在行各种事。行事正是生命的行走。所以，行走之路的道字，很自然地便引申为行事之路，以及所行之事之路，成为一个抽象名词'道'，指称各种活动及事物的法术、规范、法则等等"[9]。而《老子》"道可道"中的后一个"道"（说）的含义，则是从前者引申的后起之义。在西方，由赫拉克利特引入而后被亚里士多德定型的逻各斯，"多被用来表示事物的定义或公式，以致铸成了西方各门学科的名字都以-logy缀后的习惯。所有这些，以及由此更引申开去的哲学的、神学的种种解释，……万变不离其宗，都并未跳出言谈及展示言谈让人来看这个原始樊篱（参见海德格尔《存在与时间》第七节）"。[10]西式理性的根源由此而来。

依此，人首先是践道，其后才能论道。其实，在中国传统中，从《易传》"形而上者谓之道，形而下者谓之器"开始，道器并举，道是相对于器而言的。其无踪、无影、无声无臭、无色无味、无轻无重的玄妙性格，也由兹而生。老子"非常道"的那个道，是这种性格的集中写照。虽然，从韩愈到章学诚，对道器关系中孰轻孰重有不同于传统的主张，但是，道器互相界定的思想结构并无改变。庞朴对"解"牛的诠释，其思想突破在于，从道器关系转变到道技关系。器与技都有经验的性格，但器是经验的对象（工具或产品），而技则是经验的过程。后者才是与经验的主体"不可须臾离也"（《中庸》）之道，是人操控的生命过程。而前者器，则可能脱离人而存在，成为人的异己之物。它也是当今技术哲学反思的对象。实践性的道，不同于思辨性的道，它是实践哲学。实践哲学可以包含但不限于技术哲学。因此，这个"道体"之"体"，不是道之体，而是体道之体。接下来，便是——

---

[9]　庞朴：《解牛之解》，载《当代学者自选文库·庞朴卷》，第433页。
[10]　同上书，第435页。

4．器观

孔子说："工欲善其事，必先利其器。"(《论语·卫灵公》)谈庖丁解牛，自然也不能忽略那把刀。庖丁对刀的描述，占故事很大的篇幅："良庖岁更刀，割也；族庖月更刀，折也。今臣之刀十九年矣，所解数千牛矣，而刀刃若新发于硎。彼节者有间，而刀刃者无厚；以无厚入有间，恢恢乎其于游刃必有余地矣，是以十九年而刀刃若新发于硎。虽然，每至于族，吾见其难为，怵然为戒，视为止，行为迟。动刀甚微，謋然已解，如土委地。提刀而立，为之四顾，为之踌躇满志，善刀而藏之。"这段文字包含三层意思，第一层，是用刀所向披靡而自身毫发无损的辉煌战史；第二层，则是运刀的心得，无厚入有间，游刃有余，而关键时刻则动刀甚微，迎刃而解；第三层，是收刀的动作与扬扬自得的表情。表面上看内容颇丰富，但仔细一想，你会发现它缺少对刀本身卓越品质的描述，既没有说它用什么材料以及靠什么技术锻制而成，也没说它如何具有吹毛断发的神效。质言之，问题的重点不是神器，而是神技。只要是庖丁出场，即使一把普普通通的刀，都能使出不凡的神效来，因为他掌握用刀的要领。

事实上，庄书描写了不少神人神技。本来只要是技就少不了器，但相关的器都同样很普通。例如"匠石运斤成风，听而斫之，尽垩而鼻不伤，郢人立不失容"(《徐无鬼》)。这够神了吧，但就是没说"斤"是什么"斤"。"津人操舟若神"(《达生》)中，孔子对颜回操舟是否可学的答案，也是着眼于技术训练的要义。其实，庄子不仅不重器，甚至有轻器的倾向。《天地》中，当子贡为用笨拙的办法灌溉农田的老农提供高效机械的信息后，得到的回应竟是："吾闻之吾师，有机械者必有机事，有机事者必有机心。机心存于胸中，则纯白不备；纯白不备，则神生不定；神生不定者，道之所不载也。吾非不知，羞而不为也。"也就是说，庄子一派的轻器，不是对器的重要性的疏忽，而是有意限制器对生活的意义。在这一点上，庄子与道家前辈老子一脉相承：

  天下多忌讳，而民弥贫；民多利器，国家滋昏；人多伎巧，奇物滋起；法令滋彰，盗贼多有。(《老子·五十七章》)

  小国寡民。使有什伯之器而不用；使民重死而不远徙。虽有舟舆，无所乘之；虽有甲兵，无所陈之。使民复结绳而用之。(《老子·八十章》)

  与之对比，则是同为显学的墨家对器的重视。墨家工匠出身，这个派别很可能就是小手工业者组成的团体。他们无论操器还是制器，均本领高强。《墨子》书最后一组文章，即《备城门》等十一篇，几乎都是介绍城械建设与布阵防卫的知识，技术含量很高。《墨子·公输》篇还记载墨子为制止楚国侵鲁的计划，而同公输般斗器，展示其艺高一筹的操器本领。不惟此，墨家还以善器之士为例，讨论明君任贤举能对政治的重要性。强调出身农与工肆之人，也能为管理国家做出贡献。如果说，墨家重器是重视文明发展的基础，即物质生产技术的创造与运用，那么，道家轻器则代表对与文明发展过程相伴随的问题的一种反思。

  当然，器不仅是工具，还有礼器。工具是由器的物理性质决定的，礼器则是观念的象征，是传承或约定的某种价值符号。从象征最高政治权威的鼎到不同社会阶层人士的服饰，均有礼的意义。道、墨在工器的态度上相对立，但对待礼器的立场，则一致站在儒家的对立面。墨家主张"非乐""非葬"，就是因为器用的成本太高，从功利角度看是一种浪费。庄子则嘲笑"衣以文绣"送入大庙的牺牛是无意义的牺牲。儒家重器，既重工器，更重礼器。孔子说："唯器与名，不可以假人，君之所司也。名以出信，信以守器，器以藏礼，礼以行义，义以生利，利以平民，政之大节也。若以假人，与人政也。政亡，则国家从之，弗可止也已。"(《左传·成公二年》)这与其正面看待文明的意义,同时把礼看作文明成就的表现有关。不仅如此,孔子还以器比人,一会儿说管仲小器,一会儿评价子贡就是"器也"。老人家甚至还有"君子不器"之说,指望君子识大体,有通才,拥有不局限于某种具体事务的能力。而庄子"有机事者必有机心"的说法意味着,问题不在器,而在制器者的心思上。后世器识、器量、器度等评鉴人物的词汇,由此而来。[11]

回到庄子,虽然像桔槔之类构造复杂、成本不菲且心思缜密才能运用的利器,他是不稀罕的;但基本的工具还是需要的。不仅庖丁解牛需要刀,"匠石运斤"需要斧头,甚至庄子妻死时,他鼓盆而歌也要用盆。解牛之后,那"提刀而立,为之四顾,为之踌躇满志,善刀而藏之"的谢幕表演,显示庄子也很珍惜那把刀。庄子需要的是一件简单的工具,在长期的运用中琢磨到其发挥作用的秘诀,征服外物,得心应手。这样,他也不用担心复杂的器的使用,导致手段支配目的,甚至削弱人固有的能力。海德格尔在分析人与世界的关系时,把工具运用的"称手",理解为生活的"上手状态"。他以锤子的使用为例:

> 对锤子这物越少瞠目凝视,用它用的越起劲,对它的关系也就变得越源始,它也就越发昭然若揭地作为它所是的东西来照面,作为用具来照面。锤本身揭示了锤子特有的"称手",我们称用具的这种存在方式为上手状态。[12]

仅仅对物的具有这种那种属性的"外观"做一番"观察",无论这种"观察"多么敏锐,都不能揭示上手的东西。只对物做

---

[11] 参陈少明《说器》,《哲学研究》2005年第7期。
[12] 马丁·海德格尔著,陈嘉映、王庆节译:《存在与时间(修订译本)》,北京:生活·读书·新知三联书店,1999年,第81页。

"理论上的"观察的那种眼光缺乏对上手状态的领会。使用着操作着打交道不是盲目的,它有自己的视之方式,这种视之方式引导着操作,并使操作具有自己特殊的把握。[13]

工具不是用来观察的,而是用来操作的。进入运用状态的工具不是一般的工具,更是人的身体器官的延伸,操纵它宛如支配自己健康的手脚。所以庄子很珍惜,用完要"善刀而藏之"。更奇妙的,还有无形的工具——语言。语言比任何工具更内在于身体。当庄子通过匠石与质人的关系来比喻他与惠施论辩之默契时,我们完全可以认为,他把语言也当作一种"器",是生活甚至是抓捕意义之器。语言作为工具,同样必须对如何运用它了如指掌,才能透彻理解其意义:

桓公读书于堂上。轮扁斲轮于堂下,释椎凿而上,问桓公曰:"敢问:公之所读者何言邪?"公曰:"圣人之言也。"曰:"圣人在乎?"公曰:"已死矣。"曰:"然则君之所读者,古人之糟魄已夫!"桓公曰:"寡人读书,轮人安得议乎!有说则可,无说则死。"轮扁曰:"臣也以臣之事观之。斲轮,徐则甘而不固,疾则苦而不入,不徐不疾,得之于手而应于心,口不能言,有数存焉于其间。臣不能以喻臣之子,臣之子亦不能受之于臣,是以行年七十而老斲轮。古之人与其不可传也死矣,然则君之所读者,古人之糟魄已夫!"(《天道》)

依轮扁之意,一种脱离经验的文字,正如不在"上手状态"的工具一样,没有真正的工具价值。而语言艺术的激活,同其他技能的运用一样,其得心应手的状态,是不假思索的。这种能力与任何概念规

---

[13] 马丁·海德格尔著,陈嘉映、王庆节译:《存在与时间(修订译本)》,第81—82页。

则无关,因而也没法用一般语言进行传授。一部《庄子》,在汉语文学中的成就,堪称登峰造极。

5. 养生

庖丁解牛见之《养生主》,故事以文惠君之言作结:"善哉!吾闻庖丁之言,得养生焉。"但什么是养生?这是一个既没有概念明示,但又不得不寻问的课题。事实上,如前文所示,历代注家也多咬住这字眼咀嚼不放。郭象说"以刀可养,故知生亦可养",憨山说"意在至人率性顺理,而无过中之行,则性自全,而形不伤耳。善体会其意,妙超言外"。钟泰则说:"故庄子言'养生',犹孟子言'养性',非世俗之所谓养生也。世俗之所谓养生,养形而已矣。"一看便知,这些答案里面存在养生、养形与养性的区别。其实,即便在《庄子》中,也有养形与养性的不同偏好。例如,《刻意》所言"吹呴呼吸,吐故纳新,熊经鸟申,为寿而已矣;此道引之士,养形之人,彭祖寿考者之所好也"。而《大宗师》则说:"子之年长矣,而色若孺子,何也?"回答:"吾闻道矣。"这闻道不就是养性吗?

钟泰的说法是有理有据的。综观《庄子》尤其是内七篇,庄子对人之形或貌,持有独特的观点。身残可以保命,《人间世》中的支离疏"夫支离其形者,犹足以养其身,终其天年,又况支离其德者乎"。而形残也不碍德全,《德充符》集中写了很多"兀者"(王骀、申徒嘉、叔山无趾等等)或"恶人",即身体残缺或者形貌丑陋的人,最能体现人的价值。相貌是天然的,《养生主》中公文轩见右师而惊曰:"是何人也?恶乎介也?天与,其人与?"曰:"天也,非人也。天之生是使独也,人之貌有与也。以是知其天也,非人也。"因此,养生不是养形,而是养性。养性的关键,则在养情。生命不仅有形,而且有情。庄子的理解,体现在他与惠施的争辩中:

惠子谓庄子曰："人故无情乎？"庄子曰："然。"惠子曰："人而无情，何以谓之人？"庄子曰："道与之貌，天与之形，恶得不谓之人？"惠子曰："既谓之人，恶得无情？"庄子曰："是非吾所谓情也。吾所谓无情者，言人之不以好恶内伤其身，常因自然而不益生也。"惠子曰："不益生，何以有其身？"庄子曰："道与之貌，天与之形，无以好恶内伤其身。今子外乎子之神，劳乎子之精，倚树而吟，据槁梧而瞑。天选子之形，子以坚白鸣。"（《德充符》）

"有人之形，无人之情。有人之形，故群于人，无人之情，故是非不得于身。眇乎小哉，所以属于人也！謷乎大哉，独成其天！"（《德充符》）情与"好恶""是非"相关，不是单纯的自然生命，而是指涉社会生活道路的选择或趋避。因此，解庄者用刀喻生，强调养刀如养生也合乎逻辑。"彼节者有间，而刀刃者无厚；以无厚入有间，恢恢乎其于游刃必有余地矣。"这也是对生命成长过程的深刻体验。《齐物论》对人生的描述，尽是惊险的警句："其寐也魂交，其觉也形开，与接为构，日以心斗。""一受其成形，不忘以待尽。与物相刃相靡，其行尽如驰，而莫之能止，不亦悲乎！终身役役而不见其成功，苶然疲役而不知其所归，可不哀邪！人谓之不死，奚益！其形化，其心与之然，可不谓大哀乎？"这样看，养生绝非养形，而是学会在人情险恶的人间世机敏地生存着。

把避危趋安看作养生的要义，自然可以自圆其说。但结论若仅限于此，似乎有些消极。而且，那是把故事全当隐喻解读的结果，如果情节本身有它的描述意义，这种看法至少与庖丁"踌躇满志"的神情很不协调。重温故事开篇："庖丁为文惠君解牛，手之所触，肩之所倚，足之所履，膝之所踦，砉然向然，奏刀騞然，莫不中音。合于桑林之舞，乃中经首之会。"手舞足蹈，音声和谐，就是一场艺术表演,故引来文惠君由衷赞美:"嘻,善哉!技盖至此乎?"这技自然是神技,但不只解牛而已。前文提及的"匠石运斤成风,听而斫之,尽垩而鼻不伤,郢人立不失容"(《庄子·徐无鬼》),"斫轮,徐则甘而不固,疾则苦而不入。不徐不疾,得之于手而应于心,口不能言,有数存焉于其间"(《庄子·天道》),还有"津人操舟若神"(《庄子·达生》),等等,似乎是一种更有普遍意义的经验。什么叫神技?"以神遇而不以目视,官知止而神欲行","口不能言,有数存焉于其间"的那种入神体验,一种无意识而又合目的的行为状态。其效能不仅令观者惊奇,表演者也自得其乐。结束时,庖丁还来个舞台亮相:"提刀而立,为之四顾,为之踌躇满志,善刀而藏之。"

生命应当是快乐的。快乐难以定义,但可以尝试描述。从引起快乐的原因分类,它除了身的快乐与心的快乐外,还有一种身—心互动的快乐。身的快乐指生物性的满足,心的快乐系精神性的享受,身乐需要身体(健康)与资源的配合,心乐则是超越个体的身体满足的思想追求。两者的差别在于,前者是本能的,而后者是习得的。而身—心之乐就是既以身体能力为条件,但也需要思想的理解与行为的训练才能获得,[14]例如,体育与艺术表演。《庄子》中的神技,就类似于这种竞技行为。那个匠石与质人合作的表演,与今天的飞刀杂技相比,不是更惊心动魄吗?差别还在于,庄子笔下这些身怀绝技的人,并非职业表演者,而是为自己的生计忙碌着的人。同时,他们也不同于那些混日子无所用心的闲人,而是专注于自己的劳作的人。他们在日积月累中不断提升自己的手艺,精益求精,既可自乐,也能娱人,其操作过程便成为美的展示过程。事实上,后世许多竞技性表演,也源于某些日常生活或生产活动。即便它依然是生产劳动的基本环节,其产品在价值上,也是手工的高于机械的。

---

[14] 参陈少明《论乐:对儒道两家幸福观的反思》,《哲学研究》2008年第9期。

因此，把养生理解为游世，虽然不能说是错的，但有它的不足——没能展现生命快乐的一面。如果说纯粹的身乐是生物性的，而纯粹的心乐是神性的，那身—心之乐肯定是人性的。庄子的人生理想，是拆除人与自然之间的双重障碍，一重是礼俗的，另一重就是机械的。后者也是隔离人与世界的屏障，是让人渐渐离开大地的原因。美好的生活，是人与自然直接的接触。在生活的过程中，使用最简便的工具，便能保持人的天性。如何保持人的天性："曰：'何谓天？何谓人？'北海若曰：'牛马四足，是谓天；落马首，穿牛鼻，是谓人。'故曰，无以人灭天，无以故灭命，无以得殉名。谨守而勿失，是谓反其真。"（《秋水》）去掉生活中多余的东西，焕发生命中固有的能量，就是返璞归真，就有美好与快乐。

结　语

依文本之线索，通过对技、道、器、命诸要素的分析，我们把庖丁解牛的结构完全打开。其中，每个环节都有它独特的意义。技不仅是能力的神奇展示，也是道的一次次运行的见证。从道器之道转变为道技之道后，道从寂静无形的思辨对象，进入经验实践的领域，成为活生生的力量。在器与技之间，虽然技需要器的支持，但器更需要在技的操作过程中表现其应有的功能，故器最终由技来定义或完成。无论器还是技，其操作者或使用者是有生命力的人。因此，施技与生命的关系，一方面，是学会在应变中克服命运的重重阻力；另一方面，由此而展示身心协调的复杂的生命潜能。一句话，在庖丁解牛中，技艺、形上学与生命意义是三位一体的。庖丁所好之道，就是焕发生命活力的意义之路。

（原载《哲学研究》，2016 年第 11 期）

九 由"鱼之乐"说及"知"之问题

经典不是字典,不是被用来查阅各种现成答案的工具书。它的真正魅力在于给后代留下一些吸引人去反复琢磨的问题。这些问题也不是一次性回答能解决的。因此,对它的每一次用心解释,实际上应当看作拓展问题视域的一种努力。本章对"鱼之乐"的解读,目的是想通过对关键词"知"的用法及相关背景的分析,寻求对植根于传统的某种思想纽结的疏解。

1."鱼乐之辩"

同"庄周梦蝶"一样脍炙人口的"鱼之乐",见于《庄子·秋水》的结尾处,它是一则由对话展开的寓言:

> 庄子与惠子游于濠梁之上。庄子曰:"儵鱼出游从容,是鱼之乐也。"惠子曰:"子非鱼,安知鱼之乐?"庄子曰:"子非我,安知我不知鱼之乐?"惠子曰:"我非子,固不知子矣;子固非鱼也,子之不知鱼之乐,全矣。"庄子曰:"请循其本。子曰'汝安知鱼乐'云者,既已知吾知之而问我;我知之濠上也。"

这则文字没有训诂或句读方面的明显疑难,问题直接呈现在义理中。而历代注庄中最富哲学才智的大师,不论郭象还是王夫之,对原

文中以辩的方式推出的结论,都没提出任何异议。郭象注云:

> 寻惠子之本言云,非鱼则无缘相知耳。今子非我也,而云汝安知鱼乐者,是知我之非鱼也。苟知我之非鱼,则凡相知者,果可以此知彼,不待是鱼然后知鱼也。故循子安知之云,已知我之所知矣,而方复问我。我正知之于濠上耳,岂待入水哉。夫物之所生而安者,天地不能易其处,阴阳不能回其业。故以陆生之所安,知水生之所乐,未足称妙耳。[1]

王夫之解曰:

> 知吾知之者,知吾之非鱼而知鱼也。惠子非庄子,已知庄子是庄子非鱼,即可以知鱼矣。[2]

看来郭王二氏对原典都取附和的态度。但寻绎起来,问题不这么简单。它至少在"意"与"言"两个方面,仍有进一步讨论的余地。"意"指作者在这则寓言中所寄托的义理,"言"则是对话中的逻辑结构问题。虽然郭象注庄时把内外杂篇一体看待,而历代注庄者,对列于外篇的《秋水》也特别青睐,但《秋水》是否为庄周所作,是个不易确定的问题。王夫之解庄就"内""外"有别,然也重视《秋水》之成就。他说:"此篇因《逍遥游》《齐物论》而衍之,推言天地万物初无定质,无定情,扩其识量而会通之,则皆无可据,而不足以撄吾心之宁矣。"[3] 而罗根泽也强调《秋水》"无处不与《齐物论》的论旨凑

---

[1] 郭庆藩撰,王孝鱼点校:《庄子集释》,第286页。
[2] 王夫之著,王孝鱼点校:《庄子解》,第148页。
[3] 同上书,第138页。

泊"。[4]这类提示很有启发,《秋水》中"鱼之乐"的问题,得联系《齐物论》来理解。

《齐物论》是《庄子》内篇中的核心篇章,它以隐喻(寓言)与分析(论辩)相结合的手法,在齐"物论"、齐万物与齐物我三个层面推展其不遣是非、物我同体的主题。《齐物论》不仅是内篇的代表作,同时也为整个庄学大厦放置了思想基石。[5]不过,我们提《齐物论》,只限于与"鱼之乐"相关的问题。

2. 说《齐物论》之知

"鱼之乐"中的关键词是"知",循此我们可对照《齐物论》中若干相关的说法。

知与不知

"一问三不知"的对话与"鱼之乐"的旨趣可能靠得最近:

> 啮缺问乎王倪曰:"子知物之所同是乎?"曰:"吾恶乎知之!""子知子之所不知邪?"曰:"吾恶乎知之!""然则物无知邪?"曰:"吾恶乎知之!虽然,尝试言之。庸讵知吾所谓知之非不知邪?庸讵知吾所谓不知之非知邪?且吾尝试问乎女:民湿寝则腰疾偏死,鰌然乎哉?木处则惴栗恂惧,猨猴然乎哉?三者孰知正处?……毛嫱丽姬,人之所美也;鱼见之深入,鸟见之高飞,麋鹿见之决骤。四者孰知天下之正色哉?自我观之,仁义之端,

---

[4] 罗根泽:《"庄子"外"杂篇"探源》,《诸子考索》,第293页。
[5] 参阅陈少明、李兰芬:《从〈齐物论〉看〈庄子〉》,载《经典与解释》,广州:广东人民出版社,1999年。

是非之涂，樊然殽乱，吾恶能知其辩！"

这是辩与喻的结合，主旨是以不知为知。理由是不同的"物"处境不同，故没法"同是"，即对是非没有共同的标准。所以如要以个别的我为标准谈知，实则是无知的表现。反之，如果放弃"自以为是"的"知"，即"不知"，则可能是"至知"的结果。其中人鱼鸟兽四者，如当寓言读，则喻不同的"知"的主体。而知的内容，由"处"或"色"喻"仁义之端，是非之涂"，涉及的是价值判断（而非经验知识）的问题。

"鱼之乐"也是通过辩与喻的结合来展示其意旨的。同时，两者都以人、物均有知来喻不同的主体的共存。由于"三不知"中的"知"涉及"正处""正色"等同悲乐或好恶有关的内容，故"鱼之乐也"当可看作对"鱼有知"的判断。这样，"鱼之乐"中的庄子对"知鱼"态度之执着，便应理解为一种尊重他人他物存在价值的信念。因此，说"鱼之乐"是对"三不知"的旨趣的推衍或补充，是行得通的。然而，"三不知"中辩的焦点"不知"，在"鱼之乐"中并未揭示。它只告诉我们鱼也有乐，但没表示鱼与人是否有同乐。进一步的问题是：如果有，乐的标准是什么？如果没有，人们又如何得知"鱼之乐"的信息？

不知与相知

《齐物论》并不否定人或物各有"知"，只是这种"知"不能"同是"（或同非），只能"自以为是"。所谓"不知"，其实是因为"不能相知也"。"不能相知"正是庄子要止辩或"不谴是非"的重要依据。请读下面这一相关的推论：

既使我与若辩矣，若胜我，我不若胜，若果是也，我果非也邪？我胜若，若不吾胜，我果是也，而果非也邪？其或是也，其或非也邪？其俱是也，其俱非也邪？我与若不能相知也，则人固受其黮暗。吾谁使正之？使同乎若者正之？既与若同矣，恶能正之？使同乎我者正之？既同乎我矣，恶能正之！使异乎我与若者正之？既异乎我与若矣，恶能正之！使同乎我与若者正之？既同乎我与若矣，恶能正之！然则我与若与人，俱不能相知也，而待彼也邪？

依庄子所言，任何争辩的双方，都有自己的是非标准，而对立的标准是不能相容的。因此，不论你如何喋喋不休，争辩也不会产生同是或同非的结果。即使第三者出来仲裁（"正之"）也不能解决问题，因为第三者同样也会自以为是，其介入也不过徒增是非而已。这种"我与若与人，俱不能相知"的说法，用现代哲学的语言，就是提出主体间沟通的难题。套"鱼之乐"的言路，就是鱼有乐，人有乐，但鱼与人不同乐。重检"鱼之乐"，"庄子"说"知鱼"虽巧舌如簧，但显然只停留在物各有知的意义上，而未深入"俱不能相知"的层次。如果由这种层次深浅的对比，考虑"鱼之乐"为庄子后学的模仿之作，也是说得过去的。郭象注说，"凡相知者果可以此知彼，不待是鱼然后知鱼也"，着眼点放在对不同类可相知的辩护上，显然是吃了内外（篇）不分的亏，从而没观照到它与"不能相知"一面的差距。

知与信

这样说，《齐物论》中的"知"便包括有物各有知（或情）与"俱不能相知"两重含义。其实不只如此，庄子说：

古之人，其知有所至矣。恶乎至？有以为未始有物者，至矣，尽矣，不可以加矣！其次以为有物矣，而未始有封也。其次以为有封焉，而未始有是非也。是非之彰也，道之所以亏也。

这里，知被区分为几个层次分明的等级。至知是知未有，即无；次知是有而不分，即只知一个抽象的"有"；再次是对物做审察区分，但不涉及是非（好坏对错）问题；至于计较是非，是对"道"的整体价值的损害，为最次之知。"物"或"有"的确切含义如何且不论。说到底，知是否有价值，不是基于其内容的真实水平，而是基于其远离是非的程度。换句话说，这里对"知"的评价标准是"善"而不是"真"。它关心的不是对象究竟是什么，而是把对象看成什么，或如何看待对象效果更好。至知就是"知道"。至知不仅是获取知识，同时还是形成信念。"知道"的目标主要是后者。知之至，是以有为无，也即以无知为知。实际是把知识与信念对立，用特殊生活信念排斥经验知识。就此而言，它与"鱼之乐"中的"知"，大致可确定为同一个范畴。

3．知识与信念问题

回到"鱼之乐"上来，让我们检查文本中双方辩论的逻辑。"庄子"看似雄辩，实则并不令人信服。虽然从寓言的角度看，鱼可以喻不同的主体，包括各种各样的人。在作者精心构思的对话中，庄子是通过辩的途径来为其"知鱼"的说法辩护。在文本提供的情境中，庄子与惠子争论的对象只是鱼，而非人。惠子对庄子的质疑，本应是基于常识的立场，即人与鱼不同类，如何能够知道其与人有一样的精神状态。但惠子在辩论中不小心落入庄子的框套，把"子非鱼"同"子非我"等同，结果把我与鱼变成同类。这样便被对手轻易地从"子知我"推出"我知鱼"的结论。庄子最后的反诘，那得意扬扬的神态跃然纸上。

问题在于，这样简单的逻辑错误，为何连郭象、王夫之这样有智慧的人都被蒙蔽？我以为症结在于，在"知"的传统用法中，知识与信念两个层次的含义未被自觉厘清。王夫之对于"庄子"最后的反诘所做的诠释，可以作为我们的例证："知吾知之者，知吾之非鱼而知鱼也。惠子非庄子，已知庄子是庄子非鱼，即可以知鱼矣。""知吾知之者"中的第一个"知"字，只表明惠子已经从庄子的谈话中获取了相应的语义，但不意味着他认同了庄子的说法。这犹如我们听到有人说谎一样，我们知道谎言的意思，但并不相信它陈述了相应的事实或者传达了说谎者真正的想法。所以，知道不一定就是相信。王夫之附和"庄子"把知道曲解为相信，实际是犯了偷换概念的逻辑错误。

说王夫之"曲解"可能有些言重，他对"知"的混淆或许也是不自觉的，因为即使在现代语言中，这种现象仍然继续存在着。问题的根源在于人对常识的态度。在日常生活中，说"我知道"往往意味着"我相信"。假设庄子与惠子的"鱼乐之辩"在濠上仍然继续，庄子正为自己的反诘沾沾自喜，而惠子则一时语塞且为找不到有效的反驳而焦躁。他摇着脑袋，连说"非也，非也"，脚步不自觉加快而临近岸边。这时，庄子提醒他："子临水矣。"他说："吾知也。"在通常的情况下，这说明警告生效。惠子会停住脚步，以保安全。因为这种语境中的"知道"就意味着"相信"。如果惠子不是如预期的那样，而是一面说"知道"，一面又继续向前迈步，以致落入水中，庄子大可幸灾乐祸："子已知水矣，为何入水而效鱼耶？"因为这意味着惠子不是不知"知"的用法，就是被气昏了。

常识中，用"我知道"代替"我相信"的说法比比皆是。我知道别人也有两只手，我知道开水是可以喝的，我知道刚刚叫我爸爸的孩子是谁，我知道月亮的光芒不会把我灼伤，等等。在这些句子中，"知道"完全可以更换为"相信"而起到同样的作用。所谓常识，就是在习以为常的现象中形成的使大多数人无可置疑的观念。正是因为常识中知识与信念合一，人们用"知道"表达"相信"就成为有效、合法的行为。这种情况，古今如是，中外皆然。分析哲学的大师摩尔也未能免俗，在为常识的世界观辩护时也误把"相信"当"知道"。

摩尔是视常识所理解的世界才是真实世界的哲学家。他认为凭常识就知道，宇宙间有两类现象存在，一是物质，一是意识。物质如自然界、人的身体及人工产品，意识则指人的感觉、记忆、想象、思考之类的活动。之所以要把常识确定的这些内容作为思考世界的基础，是因为所有的人包括哲学家，都没法有效地否认它们的存在。在一篇题为《保卫常识》的论文中，摩尔从第一人称出发，用尽量朴素的笔调，列举了许多可以当作命题的生活常识。他说："我要从我的日常事实的清单开始，（按我的意见，）它们中的任何一项，我都肯定地知道，是真实的。"[6]清单的内容包括，我对身体存在及其成长的感觉，我在地球表面的三度空间生活及与物打交道的经验，我对自己思想活动的体验，我对他人存在的事实的感知，等等。为了强调这些内容的可靠性，摩尔喜欢用"我知道……是真实的"（I know…to be true）这一表达式。但是他错了。

揭示这种错误的是维特根斯坦。维特根斯坦并不反对摩尔的常识世界观，但是质疑他为这种世界观辩护的方式。摩尔混淆"我知道"与"我相信"的用法。"我知道"的是知识，"我相信"的是信念。知识与信念属于不同的思想类型。知识是那种可以被质疑，从而需要提供证据才能确定的命题。例如，你对亲友说"我家里养有一头狮子"，这就是别人可能提出怀疑，而你应当用事实向他证明的问题。但是，当某个山民声称他村前的那棵老树是他祖宗的化身时，就是你无法与

---

[6] G. E. Moor, "A Defence of Common Sense", in *20th-Century Philosophy: The Analytic Tradition*, edited by Morris Weitz, Paul Edwards, Richard H. Popkin, The Free Press, New York, 1966, p.100.

之争辩的问题。无论摩尔如何信誓旦旦说"我知道这是一棵树",也无济于事。日常生活中存在着许多大多数人共同分享的信念。依维特根斯坦,准确的表达不是"我知道"而是"我相信":"我相信我有祖先,而且每个人都有祖先。我相信有多种多样的城市,而且很普遍地,存在于主要的地理和历史事实中。我相信地球是一个我们能在其表面移动的物体,并且它不会轻易突然消失,或者像任何其他固体:这桌子,这房子,这树,等等。如果我想怀疑在我出生之前地球就存在很久,我将不得不怀疑固定在我面前的所有事物。"[7]"地球的存在是形成我信念出发点的整个图式的当然部分。"[8]"我相信……"所表达的信念不是从其他知识前提推导出来的,也不需要加以证明,而是一切思考的出发点,也是行动的基础。

现在看来,说知(或者说"我知道")至少有下列不同的情形:第一,"我知道这是一棵树",表达的是常识,它既是知识也是信念。由于这可能是人人都承认的问题,所以在日常语言中省略了"我知道"。第二,"我知道这是一棵具有500年树龄的古树"。这是在向他人传达你关于这棵树的知识,是"我知道"的恰当用法。如果有人提出疑问,你可以通过年轮或者历史文献的记载来证明你的判断。第三,"我知道这(指同一棵树)是我老祖宗的化身"。这不是常识,也不是通过适当的程序可向别人证明的问题,而是说者的信念。"我知道"改为"我相信"更为合适。(当然,这不排除在那个村落它是常识。)以此为参照看"鱼乐之辩",就知道庄子的"知之",所要表达的既不是常识,也不是他能按适当的程序证明的新知,而只能是他独特的信念(如果他诚实的话)。正是因为"鱼之乐"不是常识,故惠子有理由质疑他:

---

[7] L. Wittgenstein, *On Certainty*, edited by G. E. M. Anscombe and G. H. von Wright, translated by Denis Paul and G. E. M. Anscombe, Basil Blackwell Oxford, 1979, p.31.
[8] 同上书,p.28。

"安知鱼之乐?"但庄子却不满足于它只是个人信念,故努力进行辩解。结果是屈人之口而不服人之心,在逻辑上看是无效之辩。如果这则对话的作者也能领会《齐物论》中"俱不能相知"这层含义,他大可不必让"庄子"逞口舌之利。淡淡一句"吾自知其乐,子不信又何妨?",可能更符合庄子不与物迁、不遣是非、自得其乐的态度。

4. 自知与相知的道德蕴含

无论我们今日对"鱼乐之辩"持有什么异议,"鱼之乐"毕竟已是千古美谈。究其原因,除了人们因知、信不分而为庄子的机智所倾倒外,更重要的,可能在于它也传达了与《齐物论》一样有关物各有知(或有情)的观点,由此而唤醒众生热爱生命、尊重他物、珍视生活的态度。如果我们也赞赏这样的生活态度,那么,这种信念有没有其他可能证成的方式?这值得尝试。

说"鱼之乐"犹如说"鱼有知",凭常识谁都会起疑。但如果我们不只把鱼看成鱼,而是看成物(但不是人),或曰万物的象征,或许可以有另外的思路。在《齐物论》中,鱼、鸟、兽及人在知"色"方面,拥有平等的地位。说"人有知"或"人之乐"无问题,这是常识,要"保卫常识"的摩尔也是这样看的。尽管现象学家对"自我如何知道他人的心"这一问题有玄妙的讨论,但他人之心可以被知道这一信念并未被动摇。[9]那么,用"猴之乐"代替"鱼之乐"又如何呢?观看过马戏团的表演,或者观察过猴子的脸部表情(它与人类太相像了)的人,对此也不会质疑。但若再说"猫之乐"或"狗之乐",争议可能会开始。不过,当阿猫阿狗向它们的主人摇头摆尾时,主人会认为那是

---

[9] 参阅陈立胜《自我与世界——以问题为中心的现象学运动研究》(广州:广东人民出版社,1999年)第三章《他人》的综合讨论。

快乐的表现。如果有人因为没有看到它们会笑（这是一种人类能够判断自己的同类处在快乐之中的表情），就对此存疑，那主人可以让我们直接看到它们的怕或恨。这从其对陌生人的眼光就能表现出来。不信，我们还可做个试验：出其不意地一棒打去，它们会立即号叫着跑掉，或者反扑过来。这与人的反应没有两样，由此人类自然会把自己的感情体验转移到物身上。既然有怕有恨就必然有悲有乐，至于什么时候乐什么时候悲，那无关紧要。人类也常有让自己的同类捉摸不定的时候。"庄子"说"鯈鱼出游从容，是鱼之乐也"，就像《齐物论》说美人出现后，"鱼见之深入，鸟见之高飞，麋鹿见之决骤"一样，也是观察其动态而下的结论。只不过从结构到姿态，人与鱼的差别太大了，因此这一描述对别人缺乏明证性。这才迫使他要进行强辩。如果换一个说法，不是说"鱼之乐"而是讲"鱼之苦"，观察一条在陆地上因失去生存环境而垂死挣扎的鱼，观察者的感受可能会更趋一致。关键是物同人一样，都是有情世界的一员，都有被尊重的权利。这才是"鱼之乐"所蕴含的意义。

就《齐物论》而言，相信物皆有知或物皆有情，只是知的一个层次，强调物与物、人与物及人与人"俱不能相知"，是更能体现庄子精神的另一个层次。既然不能"相知"或对他人他物无知，余下的就是"自知"。自知正是其知的理想，所以自知自然导向自得自乐。庄周梦蝶将此表现得很有意味：

> 昔者庄周梦为胡蝶，栩栩然胡蝶也，自喻适志与！不知周也。俄然觉，则蘧蘧然周也。不知周之梦为胡蝶与，胡蝶之梦为周与？周与胡蝶，则必有分矣。此之谓物化。

"自喻适志与！不知周也"这几个字辞约义丰，把不拘泥于物之分、俗之见而自得自乐的神态刻画得栩栩如生。自知与相知的不同取向,标示着庄学与儒学的分野。庄子脱俗,以知为不知,又以不知为知,其言路往往与常识大相径庭。儒家则不然,孔子说"由!诲女知之乎!知之为知之,不知为不知,是知也"(《论语·为政》),体现一种很平实的态度。下面关于知己、知人与自知的对话,用来理解儒家很有意思:

> 子路入。子曰:"由,知者若何?仁者若何?"子路对曰:"知者使人知己,仁者使人爱己。"子曰:"可谓士矣。"
> 子贡入。子曰:"赐,知者若何?仁者若何?"子贡对曰:"知者知人,仁者爱人。"子曰:"可谓士君子矣。"
> 颜渊入。子曰:"回,知者若何?仁者若何?"颜渊对曰:"知者自知,仁者自爱。"子曰:"可谓明君子矣。"(《荀子·子道》)

这里知己、知人与自知虽被分为三个层次,但它们有个共同的前提,就是人能够相知。最高层次的"自知"不是庄子的"自知",它不是排斥"相知",而是在人知己及己知人基础上的发展。因为知己、知人分别有成为士与士君子的资格,而自知则可成明君子,可见后者可包含而非排斥前者。在儒家看来,只有到自知这一步,才完成了相知的过程。由于"推己及人"是儒家的道德原则,人如果不能自知,就无法为他人设身处地,无法推心置腹地待人,所谓让人知己或知人就成为空话。故"自知",既是知的最高层次,也是不同层次的知的根基。知与爱是相联系的,或者说知是爱的基础,所以它是具有道德意义的良知。"自爱"也就成为一项重要的道德要求。如果把知同乐再联系起来,儒家与相知相应的就是追求共乐。如孟子说的"与人乐乐","与众乐乐"。[10]

---

[10] 参见《孟子·梁惠王下》的有关内容。

庄子的自乐来自"自知",其道德含义是追求宽容、自由,反对任何人把自己的信仰强加于别人头上。儒家的良知需要相知,其道德意义是人人互助互爱,共患难,同欢乐。《大宗师》上的寓言说:"泉涸,鱼相与处于陆,相呴以湿,相濡以沫,不如相忘于江湖。"以此为喻,便是儒家希望人人能"相濡以沫",庄子则宁愿各自"相忘于江湖"。所以,庄周梦蝶式的物我一体,与宋儒张载《西铭》中的万物一体也不同,庄子是个体性的自得其乐,张载的"民胞物与"依然是整体的关怀。

由"鱼之乐"说及《齐物论》中"知"之问题,再从"知"的用法解析知识与信念的观念纽结,进而讨论"自知"与"相知"所蕴含的不同道德意义,本章的目的不是要计较个别字眼的使用,而是关心基本的哲学问题。虽然人类在生活信念的许多问题上仍然"相知"甚难,但以理智的态度与方式增进讨论,减少不必要的分歧,依然是值得努力的追求。而只要思想以说理的形态出现,即表达"我知道……",而非独断的"我相信……",讨论或问答就可能进行。本章试图揭示的问题也应作如是观。

[原载《中山大学学报》(社会科学版),2001年第6期]

第四编 历史

十 从庄子看心学

儒家有心学，上溯自孔孟，下兴于陆王，这是公认的观点。但被推许为现代新儒家大师的徐复观，在撰写《中国人性论史》时，辟专章写《庄子的心》。[1]可见道家也有心学。道家心学的影响，也不止于与庄子关系密切的玄学、禅宗，而且波及宋明儒学中的心学。[2]其实，如果我们同意，从人的精神世界探讨生命与生活的价值意义是中国古典哲学的基本问题，整个中国哲学也可看作广义的心学。道家的庄子也就是整个中国心学的重要源头之一。本章所致力的，不是列举庄子对后世影响的种种证据，而是通过对先秦心学的结构性分析，揭示庄子的思想特性，从而解释庄子为何会被吸收进，甚至促进了标榜儒家道统的明代心学。

1．以心达道

道家自然标榜"道"，但庄子的道之所以不同于老子的道，关键的区别就在于它必须从心的角度才能把握。庄子谈心，可分为直接与间接两种。直接的是用"心"一词所做的论述，间接的则包括所有对主

---

[1] 参见徐复观：《老子思想的发展与落实——庄子的心》，《中国人性论史·先秦篇》第十二章。
[2] 李泽厚的《庄玄禅漫述》探讨的是三者相通的精神实质，载《中国古代思想史论》，北京：人民出版社，1986年。

观精神世界的分析。而在直接论述中，又不像孟子把心等同于性，同时把它作为先验价值普遍化。庄子的心不是实在而是意向，它在价值上分为相互斗争的两个方向：一个是世俗的或者经验的，一个是理想的也是超验的。[3] 后者是达道的途径，同时也是达道的目标。就此而言，心即是道。

负面的心有"贼心""成心"多种说法，而被摘引得最多的，大概是对"机心"的贬斥：

> 有机械者必有机事，有机事者必有机心。机心存于胸中，则纯白不备；纯白不备，则神生不定；神生不定者，道之所不载也。（《天地》）

价值取向的分歧撇开不论，心的界定一般分两个层次，即心与物及心与身。"机心"之说，是从心与物（机械）的关系入手，刻画一种被物牵引的心态，它是由物欲的驱动发展而来的一种"投机取巧"的人生态度。这种态度是"道之所不载也"。而心与物的纠缠，从深一层看，其实是心与身或者神与形的胶着导致的：

> 一受其成形，不忘以待尽。与物相刃相靡，其行尽如驰，而莫之能止，不亦悲乎！终身役役而不见其成功，苶然疲役而不知其所归，可不哀邪！人谓之不死，奚益！其形化，其心与之然，可不谓大哀乎？人之生也，固若是芒乎？其我独芒，而人亦有不芒者乎？夫随其成心而师之，谁独且无师乎？奚必知代而心自取者有之？愚者与有焉。未成乎心而有是非，是今日适越而昔至也。（《齐物论》）

---

[3] 参见陈鼓应：《老庄新论》第215、228页的分析。

心为物诱，是心受制于身的结果。而一旦"成心而师之"，在"与物相刃相靡""终身役役"的基础上，还派生一整套巧伪的甚至误导是非的社会价值信条。实际上，这种机心、成心，也就是俗心，即笼罩世俗生活的精神罗网。网中之人，以轩冕肆志，为穷约趋俗，最终将"丧己于物，失性于俗"（《缮性》）。庄子的心与这种俗心是对立的，其赞赏的是："百里奚爵禄不入于心，故饭牛而牛肥。使秦穆公忘其贱，与之政也。有虞氏死生不入于心，故足以动人。"（《田子方》）这"不入于心"也就是无心之"心"。

"丧己于物，失性于俗"，都是太有心的结果。无心就是要摒物、脱俗。但人之所以恋物、趋俗，归根到底是形气之躯的作怪，正是这有限之形，封堵了开放之神（心），由此产生"自以为是"的自我观念：既把我与物对立，又把我与你或与他分割开来。封闭的个我一旦形成，逐物、媚俗的倾向就不可避免。因此，无心之心根本上必须无我或忘我："堕肢体，黜聪明，离形去知，同于大通，此谓坐忘。"（《大宗师》）有物是因为把我之形等同于我之灵，而我之形又是信任我的知觉的结果。故离形去知，才能同于大通之境。由此，经验生活中也当无忘不适："工倕旋而盖规矩，指与物化而不以心稽，故其灵台一而不桎。忘足，履之适也；忘要［腰］，带之适也；知忘是非，心之适也。"（《达生》）

然而，忘或无，离或去，只是一种形容，在经验中至多是一种暂时现象。作为一种意愿，其真实意义，不如说是对人生采取一种超然的态度，把无聊负累的现实虚幻为一场梦："梦饮酒者，旦而哭泣；梦哭泣者，旦而田猎。方其梦也，不知其梦也。梦之中又占其梦焉，觉而后知其梦也。且有大觉而后知此其大梦也，而愚者自以为觉，窃窃然知之。君乎，牧乎，固哉！丘也与女，皆梦也；予谓女梦，亦梦也。"（《齐物论》）忘我也是"吾丧我"，郭注说："吾丧我，我自忘矣，天下有何物足识哉！故都忘内外，然后超然俱得。"[4]

再看"道"，庄子对它的形容是："夫道，有情、有信，无为、无形，可传而不可受，可得而不可见，自本自根，未有天地，自古以固存；神鬼、神帝，生天、生地；在太极之先而不为高，在六极之下而不为深，先天地生而不为久，长于上古而不为老。"(《大宗师》)这种超时空而又"无所不在"(《知北游》)的道，既非归纳也非演绎，自然不是普通的知性所能把握、传达的。它只能由某种直观才能通达：

> 夫道，于大不终，于小不遗，故万物备。广广乎其无不容也，渊乎其不可测也。形德仁义，神之末也，非至人孰能定之！夫至人有世，不亦大乎！而不足以为之累。天下奋棅而不与之偕，审乎无假而不与利迁，极物之真，能守其本，故外天地，遗万物，而神未尝有所困也。通乎道，合乎德，退仁义，宾礼乐，至人之心有所定矣。(《天道》)

> 夫昭昭生于冥冥，有伦生于无形，精神生于道，形本生于精，而万物以形相生……邀于此者，四肢强，思虑恂达，耳目聪明，其用心不劳，其应物无方。天不得不高，地不得不广，日月不得不行，万物不得不昌，此其道与。(《知北游》)

由此看来，"道—心"是一个统一体。客观面是道，主观面则是心。客观而言，道是万物的根与本，也是宇宙的全体。无论是时间之内，还是空间之中，都不出道的范围，都是秉道而存的一分子，都没有凌驾于万物的地位。主观而论，则只有那种用宇宙的眼光打量社会、人生的心灵，才能得道，也即是说道就是心灵至境的显现。就道而言，

---

[4] 郭庆藩撰，王孝鱼点校：《庄子集释》，第45页。

老庄说法大致相同；但就得道的内容而言，老子更多地表达一种策略、技巧，而庄子强调的是一种胸怀、境界。前者表明庄属于道，后者才是庄之为庄之所在。

2．心灵的诸方向

道家论心，因受"道"（言说）的遮掩，有时不如以心标榜的儒家那样显豁。不过，将其同儒家比较，可以看出各自心灵定向的异同。不仅如此，广义的中国心学的整体结构也会显示。先秦儒家论心，自然以孟子为代表。然荀子对心的理解，却是对心的整体把握不可或缺的。荀子说：

> 心有征知。征知，则缘耳而知声可也，缘目而知形可也，然而征知必将待天官之当簿其类然后可也。（《荀子·正名》）

> 故治之要在于知道。人何以知道？曰：心。（《荀子·解蔽》）

> 凡以知，人之性也；可以知，物之理也。（《荀子·解蔽》）

在荀子看来，人是认知的主体。认知是人心的功能，同时也是人性的一种表现。认知的对象是物，目标则是物之理或致治之道。而认知的途径则是由心对耳目之官所获的经验的整合。这种立论同庄子"堕肢体，黜聪明，离形去知"的立场是对立的。在庄子的心目中，认知的对象是物，其背后的动机则是物欲。而耳目之官既是认知的工具，同时也是物欲的根器。而物欲正是令人"丧己""失性"的思想根源。实际上，庄子并不否认心有认知的作用，而是反对运用这能力。对立的关键，在于对"物欲"的态度。

庄子以为，"物欲"的满足，将导致对人性的伤残。故得去之。荀子则认为，它是人性不可分割的成分，必须养之。由此便导致两者对社会建制针锋相对的评论。

庄子说：

> 夫赫胥氏之时，民居不知所为，行不知所之，含哺而熙，鼓腹而游，民能以此矣。及至圣人，屈折礼乐以匡天下之形，县跂仁义以慰天下之心，而民乃始踶跂好知，争归于利，不可止也。此亦圣人之过也。（《马蹄》）

说穿了，好知就是为了争利。但依荀子，去欲并不现实，不能"蔽于天而不知人"。"性者，天之就也；情者，性之质也；欲者，情之应也。以所欲为可得而求之，情之所必不免也。"（《荀子·正名》）唯一的办法是通过"礼"来养欲而将其引上正路：

> 礼起于何也？曰：人生而有欲，欲而不得，则不能无求，求而无度量分界，则不能不争。争则乱，乱则穷，先王恶其乱也，故制礼义以分之，以养人之欲，给人之求，使欲必不穷乎物，物必不屈于欲，两者相持而长，是礼之所起也。故礼者，养也。（《荀子·礼论》）

说到底，荀子的主知倾向，是以物欲同人性的联结为前提，是对社会性的功利事业的一种肯定。

与荀子的认知之心不同，孟子的心为伦理之心。而且它是人性的基本规定，是人之所以为人，即人区别于动物的根本特征。所谓性善论就是人心先验的存在合乎社会伦理规范的思想基础。善的内容包括四个方面，叫"四端"，即恻隐、羞恶、辞让、是非等感情或心理能力所代表的仁、义、礼、智四种道德项目。为什么心善或性善既是先验的又是普遍的呢？孟子的解释是大家熟知的：

> 人皆有不忍人之心。……所以谓人皆有不忍人之心者，今人乍见孺子将入于井，皆有怵惕恻隐之心——非所以内交于孺子之父母也，非所以要誉于乡党朋友也，非恶其声而然也。由是观之，无恻隐之心，非人也……（《孟子·公孙丑上》）

> 人之所不学而能者，其良能也；所不虑而知者，其良知也。孩提之童无不知爱其亲者，及其长也，无不知敬其兄也。亲亲，仁也；敬长，义也；无他，达之天下也。（《孟子·尽心上》）

荀子主知之心，蕴含着对功利的肯定。而孟子之心，落在伦理的层面，基本内涵为利他主义，与物欲保持距离。然而，庄子也不可能对之首肯。庄子的心，不仅"离形去知"，同时也要"退仁义，宾礼乐"，正是对孟子的否定与超越：

> 古之人，其知有所至矣。恶乎至？有以为未始有物者，至矣，尽矣，不可以加矣！其次以为有物矣，而未始有封也。其次以为有封焉，而未始有是非也。是非之彰也，道之所以亏也。（《齐物论》）

为什么要强调超越是非，尤其是"儒墨之是非"呢？道理在于，表面看来，物欲迷失本性，仁义是针对物欲而倡的；但实际上，仁义之标榜，反而遮掩了更肮脏的物欲："窃钩者诛，窃国者为诸侯，诸侯之门而仁义存焉。则是非窃仁义圣知邪？"（《胠箧》）在是非颠倒的时代谈是非，不是自欺欺人吗？

孟子曾以耳之同听、目之同美言心之同善，主张价值具有共同性。然庄子却说："毛嫱丽姬，人之所美也；鱼见之深入，鸟见之高飞，麋鹿见之决骤。四者孰知天下之正色哉？自我观之，仁义之端，是非之涂，樊然殽乱，吾恶能知其辩！"（《齐物论》）人是否真的能同美？即使同美，是否能保证同善？这都是问题。但庄子并不在这里继续纠缠，而是站在更高的层次，破除人类中心意识，从而也就否定了世俗狭隘的绝对价值标准："以道观之，物无贵贱；以物观之，自贵而相贱；以俗观之，贵贱不在己。"（《庄子·秋水》）道是窥破俗见的法眼。

比较三者实为分析两家。荀与孟，一着重认知，一强调仁义，实是功利和伦理。但利他主义的伦理观，只反对个人的私欲却不否定大众的乐利，因此，孟子也不会反认知。反之，荀子虽然从物欲的本能否定性善的说法，但他着眼点在于大众的福利，自然也赞同伦理规范的提倡。孟荀实际只是儒家的两翼互相补充而已。庄子是另外一种情形，他既要离形去知，又要退仁义，对功利与伦理价值的提倡非常抵触。但他去知不是无知，而是通过对世俗之知的局限性的揭露，否定以功利价值代替一切价值，向人传达一种"至知"的信念。而退仁义也不是没有正义感，不是主张弱肉强食，而是对具体的社会建制的正当性的质疑。同时指出人的福祉的获得并不停于伦理的层次，还有更高的空间可展望。

有意思的是，无论孟子、庄子还是荀子，都声称其立论的基础是"自然"的，目的是保证其论断能普遍、有效。荀子说，"不事而自然谓之性"，物欲是性，认知是为了满足或调节物欲，故必不可少。孟子的良知良能也是"不学而能""不虑而知"的，是自然而然的，以此表明伦理意向乃人之天性。庄子则说："吾所谓无情者，言人之不以好恶内伤其身，常因自然而不益生也。"（《德充符》）[5]生命是自然的一部

---

[5] 成玄英疏云："因任自然之理，以此为常；止于所禀之涯，不知生分。"

分，顺自然即是保身之道。比较而言，荀子的自然指本能，是最牢固的人类经验。孟子所列的善的表现，除若干近乎本能外，更多的确如荀子所说是"伪"，即后天培养的，甚至是与本能斗争的结果。故孟子的心同荀子的心相比，顺自然的话，相对要脆弱一些。庄子呢？一方面要否定人的自然欲望，另一方面又把人看作宇宙大生命中的一个部分。这就引出一个矛盾：从宇宙大生命看，人要去除自我中心意识，与天地万物为一体；而人作为大自然的产物，其生物性就决定了人不能绝对摒除物欲。因此，庄子追求的自然不是本能，而是理想，是一种精神修养的结果。

心的取向的歧异，正是人性复杂的表现。人是一种有限而又祈盼无限的存在物。其有限落于身或形，其无限则发自心或神。但心首先得关心身，它是心的基础。荀子讲究认知，源于对有限的生物之身的现实性的关注。孟子的伦理意识，突破个体之私而向全体之公扩展，目光从生物性向社会性层次提升。但这一提升本身仍带手段的性质，社会协作才能成其私，与解决身的需求仍然联系着。同时，它对个体提出了义务问题。义务的积压便成了人生之累，故有了心的进一步超越的追求。这就是庄子的取向。庄子的突破，不是从个体走向群体，而是从社会走向自然，用宇宙眼光超越人类胸怀。这样的心自然指向超验的层次，也即无限或是自由的境界。上述心的种种取向，在理论上甚至个人孤立的行为上可能是自相矛盾的，但在人类总体实践中，却是可以互相补充的。靠前者是生存的基础，靠后者则是生活的方向，这叫生命的辩证法，是对中国心学整体性理解的原则。只不过，前者早已落实于百姓人伦日用，故庄子的声音在滚滚红尘中便有一种脱俗醒神的魅力。

3．境界问题

只要论人生意义或价值问题，自然会有境界问题。说平实一点，境界是人对生活的基本态度所形成的感受。同样的社会，同样的际遇，不同生活理想的人会赋予它不同的眼光，从而在各自心目中呈现不同的景致，这就是境界。如果荀、孟与庄代表着心的不同方向，那我们也可以说，三者指向人生的三种境界。取其突出的特征，套用冯友兰的说法，荀子是功利境界，孟子代表道德境界，而庄子则属天地境界了。

庄子的境界，概括地说，是胸怀宇宙，达观人生。以这种态度所观察到的自然景致，都令人感到其乐无穷，其美无比：

> 秋水时至，百川灌河，泾流之大，两涘渚崖之间，不辩牛马。于是焉河伯欣然自喜，以天下之美为尽在己。顺流而东行，至于北海。东面而视，不见水端。于是焉河伯始旋其面目，望洋向若而叹……（《秋水》）

> 天地有大美而不言，四时有明法而不议，万物有成理而不说。圣人者原天地之美而达万物之理，是故至人无为，大圣不作，观于天地之谓也。（《知北游》）

徐复观分析说："凡在《庄子》一书中所提到的自然事物，都是人格化，有情化，以呈现出某种新地意味的事物。而顺着这种新地意味的自身，体味下去，都是深、远、玄；都是当下通向无限；用庄子的名词说，每一事物自身都可以看出即是'道'。但这种深、远、玄，并不离开能见、能闻、能触的具体形相；并且一经庄子的描述，其能见、能闻、能触的具体形相，更为显著，因为每一具体形相，此时乃是以其生命地活力，呈现于读者之前，这真达到了在有限中呈现无限的极致。"[6]

---

[6] 徐复观：《中国艺术精神》，沈阳：春风文艺出版社，1987年，第93—94页。

正是把每个有限的自然现象都看作宇宙大生命不可分割的一部分，这些现象才会在人们心目中"活"起来，从而引起美的感觉来。

李泽厚在评论"庄周梦蝶"时也说："它之所以是审美态度，是因为它的特点在于：强调人们必须截断对现实的自觉意识，'忘先后之所接'，而后才能与对象合为一体，获得愉快。"[7]"庄子这里强调的是完全泯灭物、我、主、客，从而它已不只是同构问题（在这里主客体相吻合对应），而是'物化'问题（在这里主客体已不可分）。这种主客同一却只有在上述那种'纯粹意识'地创造直观中才能显现，它既非心理因果，又非逻辑认识，也非宗教经验，只能属于审美领域。"[8]

但是，审美的人生态度不同于艺术创作或鉴赏态度。后者只是在短暂的艺术观照中才要泯物我、忘得失，它同整个人生过程中的其他价值追求不会冲突。而审美的人生态度，则同功利或伦理的价值观是相抵触的。这种矛盾构成了庄子自由观的特色。自由有两层含义，一是"追求……的自由"，一是"摆脱……的自由"，就其追求的目标而言，是超验的，而就其摆脱的负累而言，则是现实的。庄子有两个故事：

> 舜以天下让善卷，善卷曰："余立于宇宙之中，冬日衣皮毛，夏日衣葛絺；春耕种，形足以劳动；秋收敛，身足以休食；日出而作，日入而息，逍遥于天地之间而心意自得。吾何以天下为哉！悲夫，子之不知余也！"（《让王》）

> 孔子谓颜回曰："回，来！家贫居卑，胡不仕乎？"
> 颜回对曰："不愿仕，回有郭外之田五十亩，足以给馆粥；

---

[7] 李泽厚：《华夏美学》，《李泽厚十年集·美的历程》，合肥：安徽文艺出版社，1994年，第286页。
[8] 同上。

郭内之田十亩，足以为丝麻；鼓琴足以自娱，所学夫子之道者足以自乐也。回不愿仕。"(《让王》)

"自得""自乐"显示自由是个体性的感受。而且，由于它只以很单薄的物质为条件，故也是一种精神性的享受。而"为天下""出仕"这种社会公共价值所肯定的行为，其最好的，如孟子说的"与人乐乐"及"与众乐乐"，也是对"独乐""自乐"的一种否定（参见《孟子·梁惠王下》），因此要加以拒斥。"自乐"与"众乐"的区别，不仅体现对审美价值领会深度的不同，更意味着，儒道两家对一般精神价值把握的不同。众乐是伦理的，自乐才是审美的。美感最能体现精神价值的个性化。"今俗之所为与其所乐，吾又未知乐之果乐邪？果不乐邪？……吾以无为诚乐矣，又俗之所大苦也。"(《庄子·至乐》)这就不仅是谈美的问题，而是以美为喻，强调价值的个体性与内在性，对抗公共性与规范性。经验告诉我们，历史性的灾难多数是邪恶的信念假借普遍性的名义向社会推行的结果。至少，儒家的仁义礼乐之教，在庄子看来，包含着独断是非的危险。

自得是得道。但是，"夫道，有情有信，无为无形；可传而不可受，可得而不可见"。其超验的特性导致它只可意会不可言传："故视而可见者，形与色也；听而可闻者，名与声也。悲夫，世人以形色名声为足以得彼之情！夫形色名声果不足以得彼之情，则知者不言，言者不知，而世岂识之哉！"(《庄子·天道》)"可以言论者，物之粗也；可以意致者，物之精也；言之所不能论，意之所不能察致者，不期精粗焉。"(《庄子·秋水》)

道究竟是心而不是物。得道的境界是心灵的主观体验，因而它既没有固定的目标，也没有强制性的标准。既与物欲的本能不同，也与仁义的要求两样。"夫得是，至美至乐也，得至美而游乎至乐，谓之至人。"(《田子方》)至人、神人或真人的境界，不是人人能达到的。但同样，庄子也没有强求人人得道。他"以天下为沈[沉]浊，不可与庄语……独与天地精神往来而不敖倪于万物，不谴是非，以与世俗处"（《天下》）。

这种精神贵族式的宣喻传达了对自由的深刻体认。自由的彻底性，就在于在生活方式上既不能由别人的选择代替自己的选择，也不用自己的选择代替他人的选择。因为这种选择由个人信念支配，没有公共准则。你可以将自己的选择的优点（如何自得自乐）努力传达给他人，但不能在行为上将选择凌驾于别人。庄子用自乐代替共乐，实质上就是维护个性、保卫个人选择的权利。儒家之所以成为其批判的对象，归根到底，就是其所设计的社会理想以价值的普遍性为前提，对个人自由施加过多的限制。其最好的结局，不过是用"众乐"代替"独乐"，降低乐的品位。弄不好，则是让人受罪。另一个"让王"的寓言就颇有意味：

> 越人三世弑其君，王子搜患之，逃乎丹穴。而越国无君，求王子搜不得，从之丹穴。王子搜不肯出，越人薰之以艾。乘以王舆。王子搜援绥登车，仰天而呼曰："君乎君乎！独不可以舍我乎！"（《让王》）

不自由的政治中，为君尚且如此，为民的命运就更不必说了。就庄子所追求的目标而言，于无何有之乡，确是虚幻的；但就其要摆脱的负累而言，则是十分现实的。至美的境界只有同不美甚至至丑的经验相对照，才能显示其真谛。

4．庄学与心学

说起庄子对后世的影响，不可避免地得提魏晋玄学。魏晋的自然主义思潮，主要由庄子所塑造。[9]而隋唐佛学中禅宗的兴起，又被认为是受魏晋玄学的影响，[10]故从间接意义上讲，庄子又影响了禅宗。宋明理学又如何呢？表面上看，宋学兴起的目标是拒二氏，卫道统。二氏之一的"老"是针对晋人蔑视礼法提出的，其思想源头实质是"庄"。然而，整个宋明理学在反释、老的同时，也接受佛、道的影响，只不过因道统的关系不肯明言而已。明儒陈白沙的思想，可以看作庄子影响心学的例证。

"有明之学，至白沙始入精微。"[11]黄宗羲评点说："先生学宗自然，而要归于自得。自得故资深逢源，与鸢鱼同一活泼，而还以握造化之枢机，可谓门户独开，超然不凡。"[12]自然是道，自得由心。白沙本体就是"道—心"的境界论。白沙对道的描述取法之老庄："道至大，天地亦至大，天地与道若可相侔矣。"[13]"此理妙不容言，道至于可言则已涉乎粗迹矣。"[14]"放浪形骸之外，俯仰宇宙之间。当其境与心融，时与意会，悠然而适，泰然而出，物我于是乎两忘，死生焉得而相干？"[15]不惟此，其强调的得道功夫在"静"要"静中养出端倪"。而"自得者，不累于外物，不累于耳目，不累于造次颠沛"。[16]即使念念只在功业，也是有累之心。这一切，都可从庄子那里找到其源头。[17]"孔子曳杖歌，逍遥梦化后。我梦已逍遥，六字书在牖。圣

---

[9] 参见容肇祖：《魏晋的自然主义》，北京：东方出版社，1996年。
[10] 参见印顺：《中国禅宗史》，上海：上海书店，1992年。
[11] 黄宗羲：《明儒学案》上册，北京：中华书局，1985年，第78页。
[12] 同上书，第4页。
[13] 陈献章：《论前辈铢视轩冕尘视全玉》，《陈献章集》上，北京：中华书局，1987年，第55页。
[14] 同上书，第56页。
[15] 陈献章：《湖山雅趣赋》，《陈献章集》上，第275页。
[16] 《赠彭惠出别言》，转引自《明儒学案》上册，第84页。
[17] 参阅陈少明《白沙心学与道家自然主义》，载《道家文化研究》第四辑，上海：上海古籍出版社，1994年。

愚各有尽，观化一遭走。问我年几何，春秋四十九，死生若昼夜，当速何必久？即死无所怜，乾坤一刍狗。"[18]尽管白沙作为名儒讳言老庄，但孔子在此差不多只是一挡箭牌而已。白沙"学宗自然"，在理学是"独开门户"，但于道家则是正宗追求，无甚出奇。

以儒家道统的立场，白沙是容易被目为异端的。不过，本章无意于顺水推舟，将白沙夺儒归道。真正值得寻问的是：以继承、光大孔孟自居的心学大师，其思想为何能容纳如此分量的道家尤其是庄子的思想？

回答这一问题，有两线索可以考虑。从广泛的背景看，我们说心是有多层次的精神结构。逻辑上，荀、孟、庄恰好形成从具体到抽象或从关注形到强调神的不断超升或突破的层次。每种理论是每一层次的特别强调，但它并不意味着与其他层次的绝对排斥，尤其是从低层次看高层次的时候。事实上，心学先驱孟子在强调伦理价值的时候，也力图赋予其超世俗的意义："尽其心者，知其性也。知其性，则知天矣，存其心，养其性，所以事天也。"（《孟子·尽心上》）然而，只有庄子，才把那至美至乐的境界展示得如此令人神往。故心学吸收庄子，只是心胸扩展的表现，白沙诗云："说到忘言处，无诗可赠君。许将临别意，一点落黄云。君若问鸢鱼，鸢鱼体本虚。我拈言外意，六籍也无书。"[19]这是孟还是庄？恐怕白沙也说不清。

而落实一点看，则关乎儒、道两家对情的看法。说心的复杂某种意义上就是说情的复杂。荀子说："性之好、恶、喜、怒、哀、乐，谓之情。"（《荀子·正名》）"性者，天之就也；情者，性之质也；欲者，情之应也。以所欲为可得而求之，情之所必不免也。"（同上）庄子则对情做出自己的区分与保留：

---

[18] 陈献章：《观梦化，书六字壁间曰：造化一场变化》，《陈献章集》上，第285页。
[19] 陈献章：《赠陈䂵湛雨》，《陈献章集》下，第524页。

惠子谓庄子曰:"人故无情乎?"庄子曰:"然。"惠子曰:"人而无情,何以谓之人?"庄子曰:"道与之貌,天与之形,恶得不谓之人?"惠子曰:"既谓之人,恶得无情?"庄子曰:"是非吾所谓情也。吾所谓无情者,言人之不以好恶内伤其身,常因自然而不益生也。"(《德充符》)

显然,无情是去除外物引起的好恶之情。"故曰:悲乐者,德之邪;喜怒者,道之过;好恶者,德之失。故心不忧乐,德之至也;一而不变,静之至也;无所于忤,虚之至也;不与物交,惔之至也;无所于逆,粹之至也。故曰:形劳而不休则弊,精用而不已则劳,劳则竭。"(《刻意》)就是说,不要那种劳形损神的情,有情即有累。在庄子看来,过度的物欲是累,伦理义务是累,功业声名也是累。至情无情,只有无拘无束、至美至乐才是无累,"独与天地精神往来",便是至情。

控制或节制物欲这一点,儒、道两家应无异议,对立的关键在于伦理义务与功业追求。从儒家的立场看,在一个现实社会,对伦理与功业的追求都是不可或缺的。其背后的根据在于人是以生物存在为前提,同时又得组织成社会才能生存、发展的,故致力于这两者就是关心人的共同福祉。同时,伦理之情并非都是外在强制的,如亲亲、敬长便是人天性的表现。即使如庄子,虽讲"不如相忘于江湖",然也肯定有"莫逆于心"的友情。但是,庄子看得很透。伦理与功业无可避免地会给个人带来负担、带来累。以忠孝为例,孝可说是天伦,但忠却不是。当儒家伦理把孝推向政治的忠时,仁义就是罗网。特别是由于伦理义务与功业要求作为一种普遍价值而同特定的社会建制相结合时,人生就是网中之物了。

有鉴于此,白沙心学在接受对基本伦常规范的确认的前提下,从庄子式的人生理想中汲取消解规范的副作用的因素。针对理学讲规范的苛严,白沙说:"斯理也,宋儒言之备矣。吾尝恶其太严也,使著于见闻告不睹其真,而徒与我哓哓也。是故道也者,自我得之,自我言之,可也。不然,辞愈多而道愈窒,徒以乱人也,君子奚取焉?"[20]因而,多一点庄子,就是少一分负累。不过,亲亲之情、邻里之谊、友朋之乐、人伦日用之间这种种自然感情,都是自然之美的体现。它是儒家伦理的内核,也是白沙决心信守的。在忠(应征做官)与孝(回乡事亲)之间,白沙选择后者,是最自然不过的。白沙心学是情的融合,其中有儒学,也有道家。如果说他是儒家心学会有问题,那说中国心学就一定没有疑义。

后世慕庄者无数。但学庄有两种,一是学其神,一是仿其形。仿其形者容易遗其神,所得可能是糟粕。只有学其神,才能得其真。在今日,以庄子的态度处世,对社会,是要求尽最大可能地去除多余的禁制;对人生,则在承担不可回避的责任时,存有一种率性保真的真精神。

(原载《道家文化研究》第15辑,生活·读书·新知三联书店,1999年)

---

[20] 陈献章:《复张东白内翰》,《陈献章集》上,第131页。

十一　白沙心学与道家自然主义

思想史讲传承关系有两种态度。一种是辨道统，满足于判决"是"与"非"；另一种是探流变，着眼于回答"怎么样"的问题。前者是道学家的使命，如关于白沙心学似禅非禅的聚讼。后者则是学术史的职责，本章的题目便是在这一意义上立论。尽管在以往的道学家看来，儒家讲自然并非始于白沙，不值一辩。但白沙抬高"自然"在儒学中的位置则是空前的，同时，其思想渊源也绝非他本人所说的（来自孔孟周程）那样自然。不但道家（包括新道家——魏晋玄学）对其自然主义影响深巨，而且，其思想地位也被"自然"推至儒家道统的边缘。白沙心学既标示后期儒学发展的某种方向及限度，也为我们解析儒道纠葛提供难得的例证。

1．道法自然

宋明儒学也称道学，它与道家（甚至道教）有极深的渊源。但理学（包括心学）各家对道家袭取的角度或程度并不一样。黄宗羲评点陈白沙是："先生学宗自然，而要归于自得。自得故资深逢源，与鸢鱼同一活泼，而还以握造化之枢机，可谓独开门户，超然不凡。"[1] 其自得得自自然。

---

[1]　黄宗羲：《明儒学案》上册，第78页。

"混沌固有初,浑沦本无物。万化自流形,何处寻吾一?"[2] 白沙对宇宙本体的描述大致取法老庄。"本虚形乃实,立本贵自然"[3],即道法自然:

> 道至大,天地亦至大,天地与道若可相侔矣。然以天地而视道,则道为天地之本;以道视天地,则天地者,太仓之一粟,沧海之一勺耳,曾足与道侔哉?天地之大不得与道侔,故至大者道而已,而君子得之。[4]

道是宇宙的本体,万有的根据,但它不是某种具体的物,无形象无方所,故"道可道,非常道",与老庄一样,白沙之道也难以摹状言传。"此理妙不容言,道至于可言则已涉乎粗迹矣。"[5] 必须寄意言外,以求心得:"说到忘言处,无诗可赠君。许将临别意,一点落黄云。君若问鸢鱼,鸢鱼体本虚。我拈言外意,六籍也无书。"[6]

学宗自然,着眼点在于寻求一种符合生命本性的生活理想。白沙记述其忘情山水、逍遥自然之心得:"放浪形骸之外,俯仰宇宙之间。当其境与心融,时与意会,悠然而适,泰然而出。物我于是乎两忘,死生焉得而相干?"如此境界,足以令人"撤百氏之藩篱,启六经之关键,于焉优游,于焉收敛;灵台洞虚,一尘不染。浮华尽剥,其实乃见;鼓瑟鸣琴,一回一点。气蕴春风之和,心游太古之面。其自得之乐,亦无涯也"。[7]

---

[2] 《太极涵虚》,《陈献章集》下,第792页。
[3] 《答张内翰廷祥书,括而成诗,呈胡希仁提学》,《陈献章集》上,第279—280页。
[4] 《论前辈铢视轩冕尘视金玉》,《陈献章集》上,第55页。
[5] 同上书,第56页。
[6] 《赠陈䨇湛雨》,《陈献章集》下,第524页。
[7] 《湖山雅趣赋》,《陈献章集》上,第275页。

陈白沙仿效周敦颐，把其自然理想归结为孔颜寻乐或夫子与点的启示，而讳言道家的影响。但问题并不这么简单。应该承认，《论语》中"回也不改其乐""吾与点也""天何言哉"诸章，逻辑上蕴含着向自然主义方向解释的可能。但《论语》不是思想体系严密的著作，而是孔子一生言行记录的集成。《论语》的核心观念是仁义礼智。圣人尚仁义，老庄为自然，这是汉人的基本看法。《论语》中的自然意识充其量只能表明圣人复杂的精神世界也有可人的一面，而绝非孔子思想的核心，更没有本体论的含义。

把孔子打扮成自然主义者的始作俑者不是宋明儒家，而是魏晋玄学。以王弼的《论语释疑》为例：《论语》"志于道"，王弼释为"道者，无之称也，无不由也。况之曰道，寂然无体，不可为象"。《论语》有："大哉，尧之为君也！巍巍乎唯天为大，唯尧则之。荡荡乎民无能名焉！"《释疑》则为："若夫大爱无私，惠将安在？至美无偏，名将何生？故则天成化，道同自然，不私其子而君其臣。凶者自罚，善者自功；功成而不立其誉，罚加而不任其刑。百姓日用而不知所以然，夫又何可名也！"[8]这样做的还有何晏，王、何之后又有向（秀）、郭（象）等等。

汤用彤早已指出，玄学家表面上都奉孔子为圣人，"但依王、何之学，孔子之所以为圣，在于体无。而老子恒言虚无，故与圣学同。留儒家孔子于圣人之位，而内容则充以老、庄之学说……向秀、郭象继承王、何之旨，发明外王内圣之论。内圣亦外王，而名教乃合于自然。外王必内圣，而老庄乃为本，儒家为末矣"。[9]

也许是受玄学的影响，理学家也流露出自然意识。但在陈白沙那里，附庸蔚为大观，"自然"跃居到本体的地位。这还不能仅看作承

---

[8] 参见王弼著，楼宇烈校释：《王弼集校释》下册，北京：中华书局，1980年，第626页。
[9] 汤用彤：《向郭义之庄周与孔子》，《汤用彤学术论文集》，第284页。

周、程（颢）余绪，间接受道家影响的结果。《观梦化》便是其浸淫过老庄的证据："孔子曳杖歌，逍遥梦化后。我梦已逍遥，六字书在牖。圣愚各有尽，观化一遭走。问我年几何，春秋四十九。死生若昼夜，当速何必久？即死无所怜，乾坤一刍狗。"[10]

更重要的是，白沙心学是做人之学，讲究涵养性情，理会气象。但气象无可言说，只能"指点"，即找人物标本。至圣至贤虽然理想，无奈形象缥缈而抽象。在白沙心目中，真正鲜明而可追求的人格楷模，恐怕不是孔孟也不是周程，而是其大量诗篇中反复吟咏的魏晋人物陶渊明。诗为心声，陶氏以及他深恋着的酒与菊，是白沙诗中反复出现的主题：

菊花正开时，严霜满中野。从来少人知，谁是陶潜者。碧玉岁将穷，端居酒堪把。南山对面时，不取亦不舍。[11]

短世渊明醉，长愁子美歌。高情谁复尔，久别公如何？淡月初出浦，好风来飏蓑。买田沧海上，耕亦不须多。[12]

黄菊有名花，渊明无酒官。酒多人自醉，花好月同看。老未厌人世，天教共岁寒。未应摧不去，高步蓬莱山。[13]

渊明无钱不沽酒，九日菊花空在手。我今酒熟花正开，可惜重阳不再来。今日花开颜色好，昨日花开色枯槁；去年对酒人面红，今年对酒鬓成翁。人生百年会有终，好客莫放樽罍空。贫贱

---

[10]《观梦化，书六字壁间曰：造化一场变化》，《陈献章集》上，第285页。
[11]《寒菊》，《陈献章集》上，第308页。
[12]《闻林缉熙初归自平湖寄之》，《陈献章集》上，第379页。
[13]《吴明府送菊，次韵答之》，《陈献章集》上，第383页。

或可骄王公，故乃束缚尘埃中？簪裾何者同牢笼！[14]

这类诗篇还可以抄列许多。读白沙的诗，有时仿佛有陶潜复出之感。两者相隔数百年，但辞官归隐，放浪山林，痴酒恋菊，诗韵淡朴，适性自乐，这些行为个性何其相似。陶氏为具有道家风韵的魏晋诗人，白沙为明代心学先驱，其自然理想则一脉相承。

可以断言，撇开道家来讲白沙心学，其心难得。

2．自然与自得

道法自然，心贵自得。在白沙哲学中，道、心不是对立的本体，而是不可分拆的本体结构（道—心）。因为道不可言状，对道的把握便不能靠言得或者书得，而是靠心得。白沙论学诗曰：

> 古人弃糟粕，糟粕非真传。眇哉一勺水，积累成大川。亦有非积累，源泉自涓涓。至无有至动，至近至神焉。发用兹不穷，缄藏极渊泉。吾能握其机，何必窥陈编？学患不用心，用心滋牵缠。本虚形乃实，立本贵自然。戒慎与恐惧，斯言未云偏。后儒不省事，差失毫厘间。寄语了心人，素琴本无弦。[15]

所得之道为自然之道，能得之心为自然之心。心要得道需要一种自然的涵养工夫，叫作"静"。白沙对此有切身体会，他在经历问学"既无师友指引，唯日靠书册寻之"而累年未得之后，"于是舍彼之繁，求吾之约，惟在静坐，久之，然后见吾此心之体，隐然呈露，常若有

---

[14]《对菊》，《陈献章集》上，第327页。
[15]《答张内翰廷祥书，括而成诗，呈胡希仁提学》，《陈献章集》上，第279—280页。

物，日用间种种应酬，随吾所欲，如马之御衔勒也，体认物理，稽诸圣训，各有头绪来历，如水之有源委也"。[16]

"静"为白沙心学法门，但非其首创。他说："此一静字，自濂溪先生主静发源，后来程门诸公递相传授……晦庵恐人差入禅去，故少说静，只说敬，如伊川晚年之训。此是防微虑远之道，然在学者须自量度何如，若不至为禅所诱，仍多静方有入处。"[17]其实何止禅讲静，庄也讲静，所谓"心斋""坐忘"便是。何谓心斋？"若一志，无听之以耳而听之以心，无听之以心而听之以气！听止于耳，心止于符。气也者，虚而待物者也。唯道集虚。虚者，心斋也。"（《人间世》）"堕肢体，黜聪明；离形去知，同于大通。此谓坐忘。"（《大宗师》）周濂溪与道教纠葛颇深，而白沙强调不为禅所诱，其心静所得"常若有物"，更接近的可能是庄。

理学的重要教义，用程颐的话说，是"涵养须用敬，进学则在致知"。[18]心学有别于理学，主静也相对于用敬而言。敬着重对圣言古训的崇信敬畏，故要戒慎恐惧，以便一思一念都不逾规矩。静要一切放下，摒弃各种成见思虑（包括未经审核的说教）的干扰，回到心的本然状态。只有本心才是价值的源泉与根据，圣言古训也只有经心的体认才有真切的意义。用敬以信为前提，价值根据不在内（心）而在外（理），故要博学致知，读书明理。主静回归本源，不随波逐流，故不重知而贵疑。白沙就是把疑当作学问长进的前提："前辈言'学贵知疑'，小疑则小进，大疑则大进。疑者，觉悟之机也。一番觉悟，一番长进。"[19]

白沙之主静贵疑是针对程朱理学尤其是其追随者的流弊而发的。

---

[16]《复赵提学佥宪》，《陈献章集》上，第144页。
[17]《与罗一峰》，《陈献章集》上，第157页。
[18] 程颢、程颐：《遗书》卷十八，《二程集》，第188页。
[19]《与张廷实主事》，《陈献章集》上，第164页。

《明史·儒林传序》说:"明初诸儒,皆朱子门人之支流余裔,师承有自,矩矱秩然。曹端、胡居仁笃践履,谨绳墨,守儒先之正传,无敢改错。学术之分,则自陈献章、王守仁始。"不仅学术上支离保守有问题,同时,在陈白沙看来,宋儒的伦理观念也有过于苛严而有悖自然性情之嫌。白沙少讲"戒慎恐惧",就是因为:"斯理也,宋儒言之备矣。吾尝恶其太严也,使著于见闻告不睹其真,而徒与我哓哓也。是故道也者,自我得之,自我言之,可也。不然,辞愈多而道愈窒,徒以乱人也,君子奚取焉?"[20]

心学要求自得、自觉、自立、自主等等,有较强的自我意识。但心学发展也不止一个方向。借知、意、情三分法,便可有主知、主意、主情三派。程、朱也讲心,但其心之功能在认理。理外于心,其心为主知之心,主知之心便非本体之心,故主知派不属心学。只有主意、主情两派才是心学。

阳明心学是主意派心学:"身之主宰便是心,心之所发便是意,意之本体便是知,意之所在便是物。"[21]又如,"无善无恶是心之体,有善有恶是意之动,知善知恶是良知,为善去恶是格物"。[22]阳明学问所得,缘于九死一生、动心忍性的心境体验,故强调意志磨炼,有大仁大勇气概。同时,阳明不仅立言、立德,也讲立功,故倡导知行合一,靠树立坚强的伦理意志去投身建功立业的生涯。从思想渊源讲,阳明与孟、陆那种"万物皆备于我""先立乎其大者,而小者不能夺"等主张更为相契。

白沙罕言意志,他讲自然。情感物而动,喜怒哀乐系人之天性,情之流露比意之发动更自然。但情发于措事应物之态度,所对事物类

---

[20]《复张东白内翰》,《陈献章集》上,第131页。
[21]《王阳明全集》卷一,上海:上海古籍出版社,1992年,第6页。
[22]《王阳明全集》卷三,第117页。

型不同,情之性质也不同。简言之,依价值类型的划分,情也相应地分为物欲之情、伦理之情与审美之情。白沙排除物欲之情,而在伦理方面,则注重其合乎自然之情部分。儒家讲恻隐之心,讲敬亲爱兄,讲守望相助,以及生命血缘或亲邻联系之情,都是白沙的自然之情。至于其有无社会伦理规范就不能一概而论。在忠(应征做官)与孝(回乡事亲)之间,白沙选择了孝。

自然必须自得。"自得者,不累于外物,不累于耳目,不累于造次颠沛,鸢飞鱼跃,其机在我。"[23]故有累便不合自然。在白沙看来,不仅情欲是累,规范太严是累,太着意于功业也是累:"人心上容留一物不得,才著一物,则有碍,且如功业要做,固足美事,若心心念念只在功业上,此心便不广大,便是有累之心。"[24]故讲无累而不讲意便非常自然。

真正体现自然之情的是审美。"莫笑狂夫无著述,等闲拈弄尽吾诗。"白沙心学的极致是诗学:

> 诗之工,诗之哀也。言,心之声也。形交乎物,动乎中,喜怒生焉,于是乎形之声,或疾或徐,或洪或微,或为云飞,或为川驰。声之不一,情之变也,率吾情盎然出之,无适不可。[25]

白沙谈诗主张"大抵论诗当论性情,论性情先论风韵,无风韵则无诗矣"。[26]故诗、风韵、性情与本心是连在一起的,其共同特性就是自然。湛若水评论其老师说:"盖其自然之文言,生于自然之心胸;自然

---

[23]《赠彭惠出别言》,转引自《明儒学案》上册,第84页。
[24]《与谢元吉》,转引自《明儒学案》上册,第84页。
[25]《认真子诗集序》,《陈献章集》上,第5页。
[26]《与汪提举》,《陈献章集》上,第203页。

之心胸，生于自然之学术，自然之学术，在于勿忘勿助之间……"[27]

白沙之心是性情之心，更是审美之心。审美的极致是以物观物，物我两忘，非功利而远规范，是真正的无累之心。白沙有时也将其所得追溯到孟子，如说"曾点些儿活计，被孟子一口打并出来，便都是鸢飞鱼跃"。[28]但黄宗羲却有异议，他论白沙说："向求之典册，累年无所得，而一朝以静坐得之，似与古人之言自得异。孟子曰：'君子深造之以道，欲其自得之也。'不闻其以自然得也。"[29]

其实，这种有情无累、自然自得之说，不是来自孔孟，而是道家或玄学。王弼的说法是：

> 圣人茂于人者神明也，同于人者五情也。神明茂，故能体冲和以通无，五情同，故不能无哀乐以应物。然则圣人之情，应物而无累于物者也。[30]

> 夫明足以寻极幽微，而不能去自然之性。颜子之量，孔父之所预在，然遇之不能无乐，丧之不能无哀。又常狭斯人，以为未能以情从理者也，而今乃知自然之不可革。[31]

对此，汤用彤的诠释是："中国形上学之大宗，儒家之外，自推道家。老学贵无主静。'人生而静'，'感于物而动'自合于道家之旨（上二语本亦见《文子·道原篇》）。而因此道家之论性情，亦恒自动静言

---

[27]《重刻白沙先生全集序》，《陈献章集》下，第896页。
[28]《与林郡博》，《陈献章集》上，第217页。
[29] 黄宗羲：《明儒学案·师说》，《黄宗羲全集》第七册，沈善洪主编，杭州：浙江古籍出版社，1992年，第12页。
[30]《三国志》裴松之注引何劭《王弼传》，北京：中华书局，1959年，第795页。
[31] 同上书，第796页。

之。王弼学袭老氏,故其讨论性情亦以动静为基本概念。所谓'应物'是也。"[32] 又说:"辅嗣既深知体用之不二,故不能言静而废动,故圣人虽德合天地(自然),而不能不应物而动,而其论性情,以动静为基本观点。圣人既应物而动,自不能无情。"[33]

冯友兰则说:"王弼所持的理论是,圣人'有情而无累'。《庄子》中也说:'至人之用心若镜,不将不迎,应而不藏,故能胜物而不伤。'(《应帝王》)王弼的理论似即庄子之言的发挥。"而在冯氏看来,"新儒家处理情感的方法,遵循着与王弼的相同的路线"。[34] 陈白沙承袭的也是王弼的论点:

> 人心上容留一物不得,……是以圣贤之心,廓然若无,感而后应,不感则不应。又不特圣贤如此,人心本来体段皆一般,只要养之以静,便自开大。[35]

差别在于白沙把圣人之心当成人人共有的本心,从而使自然之情在人类学上具有本体论的含义。大概是为了维护道统的纯正,这一理论的道家发明权被抹杀了。说到底,儒家圣贤还是心中有碍,没法真正做到廓然大公。

3. 自然、虚无及其他

心学为本体之学,而白沙的本体思想又深深打上道家的烙印,那么,白沙心学为何仍被划归为儒学呢?一种适当的解释是,陈白沙吸

---

[32] 汤用彤:《王弼圣人有情义释》,《汤用彤学术论文集》,第 262 页。
[33] 同上书,第 263 页。王弼,字辅嗣。
[34] 见冯友兰:《中国哲学简史》,北京:北京大学出版社,1985 年,第 330 页。
[35] 《与谢元吉》,转引自《明儒学案》上册,第 84 页。

收了道家的自然主义而拒斥其虚无主义。真正与儒学势不相容的是虚无主义的一面。

自然主义与虚无主义在老庄哲学中是一体两面的事情。"自然"一词有两层基本含义：就宇宙论讲是自然世界，在人性论上是本然欲望。引申到哲学上，可以指向肯定与否定两个相反的方向。肯定者，可以站在社会总体的立场上，把整个人伦秩序看成一个自然不易的过程，主张个人顺世适性安命，为现实的合理性辩护，这就与虚无主义无缘。从否定方面发展，本体论上就不承认有外在原因或主宰，人生观上反对运智劳神，政治伦理上则轻视礼教禁制。"无"就是把自然意识用于表达一种否定性态度，从而上升为本体范畴的结果。这往往是从人看神，从个体看社会这种立场的产物，这种自然主义便易导向虚无主义。

虚无主义也大致可析为本体论与伦理学两个层次。本体论上的虚无主义不仅有老庄，更彻底的恐怕还是佛学。佛学讲空，"目空一切"，不仅否定俗世礼法，还否定一般人生价值。但它否定自然情欲，故不会导向以享乐为特征的伦理虚无主义。而老庄的本体论，经人性论上的自然主义，至魏晋便部分转化为伦理学上的虚无主义。这种虚无主义并非否定一切价值，而是以个体的感性满足为唯一的价值，从而否定任何超个体的社会文化价值的客观性。沦为虚无主义的自然主义，往往就是纵欲主义或享乐主义。

理论上的虚无主义没有正面价值，但能显示其否定性意义。因为它通常是作为伪价值观念的对立面而出现的。《老子》说的"大道废，有仁义；智慧出，有大伪。六亲不和，有孝慈；国家昏乱，有忠臣"（十八章），以及《庄子》中的"圣人生而大盗起，……圣人不死，大盗不止"（《胠箧》），都是对"窃钩者诛，窃国者为诸侯"这种虚伪的道德状况的抗议。而晋人的"越名教而任自然"还包含对道德说教之矫情的批判。嵇康说："六经以抑引为主，人性以从欲为欢。抑引则违其愿，从欲则得自然。然则自然之得，不由抑引之六经；全性之本，不须犯情之礼律。故仁义务于理伪，非养真之要术；廉让生于争夺，非自然之所出也。"[36] 道家与儒家的对立，玄学同理学的分界，于此可见一斑。

回到白沙。尽管他深受道家、玄学的影响，但他是个自然主义者而非虚无主义者，其自然主义的典范不是竹林七贤而是陶渊明。陶氏辞官归隐，有逃避礼法的一面，但没有毁弃一切规范，而是对虚矫压抑部分的抵制。其归隐自然也有及时行乐的意识，不过这乐是诗、酒、菊相伴，以精神之乐为主而非靠感官刺激满足。白沙尽可依傍陶渊明而不必背离名教，他仍可享有大儒的名分。然而，自然的对立面是名教，心学的对立面则是理学。白沙辞官归隐，恶宋人对戒慎恐惧说得太严，追求无累，多说静而少说敬，显然都是针对名教的苛严或烦琐而发的。他不反礼教，但倡导自然。求心自得，则蕴含有重新审视具体规范合理性的要求。前人认为，晋虚宋迂，参商相背。虚是虚无，迂为迂腐。白沙则不虚也不迂，他不是道学家，不是风流才子，而是道学名士。其关注点，不是名教即自然，而是名教应自然。白沙心学尽管还是儒学，但已偏离正统而滑到边缘。这偏离究竟是近道还是近禅，似乎不难判别了。

名教自然统一，也是儒道互补问题。儒道互补，不应仅理解为传统士人穷达不测时变通处世的途径。严格说，这不是什么互补，而是投机，是脚踩两只船，随时准备改变信仰。真正的互补是把两种异质的理论（理想）纳入同一体系而协调起来，形成一种新的观念或信念。名教自然统一，在魏晋玄学那里，就是追求这种互补的意义。如向秀、郭象注庄，便同时将其当成内圣外王问题。按前引汤先生的说法，"内圣亦外王，而名教乃合于自然。外王必内圣，而老、庄乃为本，儒家

---

[36] 嵇康：《难自然好学论》，嵇康撰、戴明扬校注：《嵇康集校注》，北京：人民文学出版社，1962年，第261页。

为末矣"。表面上以道补儒,实际则以儒补道。宋明理学也讲内圣的王,即合内外之道,如程颢的《定性书》《识仁篇》所阐述的。他也讲自然,讲动静,讲情顺万物,讲内外之两意,但着重的是心的"廓然而大公"及情感的无私。故理学的圣不同于玄学的圣,理学家只是稍稍地以道补儒,儒主而道附。

宋明儒学对道家始终存在既要拒斥又想袭取的态度。这是儒、道关注焦点的差距造成的。道家(特别是庄子)讲自然,着重的是人生幸福问题。儒学也谈人生,但讲仁义,着重的是社会和谐。人生是个体经验,社会则是总体关系。部分人生面临的问题,可以也必须转化为社会途径来解决,如生产、分配、抚养、教育的协作。但有些(甚至是根本的)问题,如疾病、衰老、死亡之类,无法于此解决。而且,某些社会措施在解决一些人生问题时,也可能导出其他新的问题,如分工导致等级、规范变成禁锢、手段支配目的等等,所谓文明的异化。故人生理想与社会需要总有对抗的一面存在。一般来说,道家多站在维护个体生命意义的立场上衡量社会礼制,批判意识较强。儒家则处于维护社会体制的位置上,要求个人行为规范化,说教味较浓。由于儒家无法解答甚至无形中曲解了人生许多问题,故道家思想尤其是其自然主义理想在文明史中便常能显示魅力。这就迫使作为传统意识形态精神支柱的儒家,考虑从对手那里袭取些货色来充实自己的家当。但取什么与取多少,便成了一个极微妙的问题,弄得不好,自家的板凳也坐不稳。

白沙主观上也是想站稳儒家立场的。他批评别人的动摇说:"人无气节不可处患难,无涵养不可处患难。如唐柳宗元不足道;韩退之平日以道自尊,潮州之贬,便也撑持不住,如共大颠往来,皆是忧愁无聊,急急地寻得一人来共消遣,此是无涵养。"[37]但白沙本人也有犹疑

---

[37]《与贺克恭黄门》,《陈献章集》上,第134页。

的时候:"近苦忧病相持,无以自遣,寻思只有虚寂一路,又恐名教由我坏,佛老安能为我谋也?付之一叹而已。"[38]这表明,在人生的困境中,道家(包括佛学)之说更能抚慰普通人心,儒家的说教常常苍白无力。但儒学的礼教又令其难以完全承受释道的宗教情怀。白沙作为名儒对此也是有口难言而已。

白沙扩张自然在心学中的地位,却影响白沙心学在儒学中的地位。虽然他宗自然而弃虚无,但主要是把自然之情规范在审美及血缘伦理之内的结果。其实物质欲望也是自然需求,真正顺自然必定要肯定情欲,而情欲又必然与个人之私相联系,白沙之前,晋人是突破这一禁锢而流于虚无主义(纵欲)的。而白沙之后,后期心学如李贽便合乎逻辑地坚持自私为自然之理:"夫私者人之心也。人必有私而后真心乃见,若无私则无心矣。……此自然之理,必至之符,非可以架空而臆说也。"[39]白沙思想位于儒学的边缘,李贽则走到其反面,虽然李贽不一定直接发挥白沙,但两者是在同一方向上"自然"延伸的。而且,进入近代,它又在康有为等的自然人性论那里得到回响。不过,在新的历史情势中,它就不是一般的虚无主义,而是启蒙主义了。

这样,我们便在宋明儒学的心性论中看到一个悖论:无情不是圣人,但真情只是凡人。自然,现代不可能是圣人当道的时代。不过,如何做到自然而不虚无,现代哲学仍然需要创新的回答。

(原载《道家文化研究》第四辑,上海古籍出版社,1994年)

---

[38]《与容一之》,《陈献章集》上,第233—234页。
[39] 李贽:《藏书·德业儒臣后论》,北京:中华书局,1974年,第544页。

十二 | 启蒙视野中的庄子

　　新文化运动百年之际，以纪念或反思的名义举办的各种活动，可谓盛况空前。而反思的主题，多集中在新文化运动的反传统声浪及启蒙意义上。启蒙与反传统关系密切，但有所区别。一般来说，反传统指称的对象比较明确，多集中于以"打倒孔家店"为标识的反儒家文化，特别是反对其政治功能与伦理价值的思想运动。而以启蒙为对象的反思，除杜维明先生对"启蒙心态"略有讨论外，可能尚没有形成多大的共识。直观地看，似乎是纪念启蒙与反思反传统，各有侧重。我的问题是，由于孔子或儒学在时下的政治氛围中，符号形象有了改头换面的变化，为儒学辩护的呐喊虽然正当而合乎时宜，但是否会因此而遮掩反传统思潮中其他重要思想流派的处境，便成疑问。例如，传统不只有孔孟，还有老庄；不仅有儒家，且有释道。儒家以外的重要思想流派，在新文化运动或者启蒙视野中的命运如何，并非可有可无的问题。本章探讨庄子在现代思想学术中的形象，意义不仅在于加深对传统丰富性的理解，还可能在于，由此而接触到反传统思潮的某种思想特质，后者与启蒙有关。

1. 庄学、启蒙与新文化

　　庄学是古学，但它不是正统或者主流，其地位往往通过参照儒学来界定。对庄子比较完整的评估，当从西汉司马迁开始。《史记·老子韩非列传》说庄子：

> 其学无所不窥，然其要本归于老子之言。故其著书十余万言，大抵率寓言也。作《渔父》《盗跖》《胠箧》，以诋訾孔子之徒，以明老子之术。畏累虚、亢桑子之属，皆空语无事实。然善属书离辞，指事类情，用剽剥儒、墨，虽当世宿学，不能自解免也。[1]

"诋訾孔子之徒"，或"剽剥儒、墨"之说，意味着庄子很早就被置于儒家的对立面。然至魏晋，儒道交汇，"三玄"之一的《庄子》大行其道，因郭象注而影响深远，取得与儒家经典相提并论的荣耀。宋明理学虽以辨道统、拒二氏为主旨，但为庄子抱屈的儒者大有人在。王安石就辨析说，在"天下陷溺以至乎不可救"的情况下——

> 庄子病之，思其说以矫天下之弊，而归之于正也。其心过虑，以为仁义礼乐皆不足以正之，故同是非，齐彼我，一利害，则以足乎心为得。此其所以矫天下之弊者也。既以其说矫弊矣，又惧来世之遂实吾说，而不见天地之纯，古人之大体也，于是又伤其心，于卒篇以自解。故其篇曰："《诗》以道志，《书》以道事，《礼》以道行，《乐》以道和，《易》以道阴阳，《春秋》以道名分。"由此而观之，庄子岂不知圣人者哉！[2]

其后如苏东坡《庄子祠堂记》、王夫之《庄子解》所持，大致不出

---

[1]《史记·老子韩非列传》，第2144页。
[2] 谢祥皓、李思乐辑校：《庄子序跋论评辑要》，武汉：湖北教育出版社，2001年，第241—242页。

王说的范围。站在儒门的立场上,判断庄子非儒、属儒(或真儒)的关键,在于如何看待庄子对仁义观念的态度。换言之,仁义是传统庄学评判庄子的基本范畴。而在儒家传统备受责难的年代,这评判的标准自然不再由儒家提供。

新思想的标准来自"启蒙"(enlightenment),不过它有借喻与实指两种用法。有人用它来形容清代近三百年学术思想,如侯外庐的《近代中国思想学说史》[3],将其上限推至17世纪,显然是抽取它的反思与批判精神后比较得出的结论。梁启超与胡适将同一时段称为中国的"文艺复兴",也是由同一方法运用所致。这种启蒙的用法只是借喻。至于实指,则是指受西方启蒙运动所带来的现代价值观念影响而形成的思想运动,以《新青年》为代表的新文化运动是它的高潮。据以赛亚·伯林对启蒙思想的概括:

> 持进步主义信条的法国思想家,不管其内部有何分歧,他们都是基于一种以古代自然法学说为根源的信念:无论何时何地,人性基本上都是一样的;地域或历史中的多样性,与恒久不变的内核相比是不重要的,因为人之所以为人,也正是因为这个内核,这与定义动物、植物或矿物的道理相同;存在着普遍适用的人类目标;可以制定出一个合乎逻辑的、易于检验和证实的法律和通用规则的结构,以此取代无知、精神怠惰、臆断、迷信、偏见、教条和幻觉造成的混乱,尤其是人类统治者所坚持的"同利益有关的错误",它们应对人类的挫折、罪恶和不幸负主要责任。
>
> 牛顿物理学在无生命的自然王国里连连获胜,人们相信,和

---

[3] 侯外庐《近代中国思想学说史》(上海:生活书店,1947年),后易名为《中国近代启蒙思想史》(北京:人民出版社,1992年)。

它相似的方法，也可同样成功地用于几乎没有多少进步可言的伦理学、政治学以及一般人类关系的领域。一旦这种方法生效，不合理的、压迫人的法律制度及经济政策就会被一扫而光，取而代之的理性统治将把人们从政治和道德的不公正及苦难中解救出来，使他们踏上通往智慧、幸福和美德的大道。[4]

简言之，启蒙相信在自然、人类与社会中，存在一种普遍的内在秩序，它能为理性所把握。人类充分地运用这种能力，就能通过斗争，将自身从迷信与不道德的禁锢中解放出来，就能征服自然，改造社会，走向进步，迎接美好的明天。与此对照，一百年前陈独秀在《敬告青年》中的主张，则可简化为要自觉地为科学与人权而奋斗。关于人权：

> 等一人也，各有自主之权，绝无奴隶他人之权利，亦绝无以奴自处之义务。奴隶云者，古之昏弱对于强暴之横夺，而失其自由权利者之称也。自人权平等之说兴，奴隶之名，非血气所忍受。世称近世欧洲历史为"解放历史"：破坏君权，求政治之解放也；否认教权，求宗教之解放也；均产说兴，求经济之解放也；女子参政运动，求男权之解放也。[5]

关于科学：

> 科学者何？吾人对于事物之概念，综合客观之现象，诉之主观之理性而不矛盾之谓也。想象者何？既超脱客观之现象，复抛

---

[4] 以赛亚·伯林著，冯克利译：《反启蒙运动》，载《反潮流：观念史论文集》，南京：译林出版社，2002年，第1—2页。
[5] 陈独秀：《独秀文存》，合肥：安徽人民出版社，1987年，第4页。

弃主观之理性，凭空构造，有假定而无实证，不可以人间已有之智灵明其理由，道其法则者也。在昔蒙昧之世，当今浅化之民，有想象而无科学。宗教美文，皆想象时代之产物。近代欧洲之所以优越他族者，科学之兴，其功不在人权说下，若舟车之有两轮焉。今且日新月异，举凡一事之兴，一物之细，罔不诉之科学法则，以定其得失从违；其效将使人间之思想云为，一遵理性，而迷信斩焉，而无知妄作之风息焉。[6]

新文化运动的基本价值观念，如自由、人权、平等、阶级、斗争、解放、科学、理性、进步等等，均出现或包含在陈独秀这篇吹响时代号角的战斗檄文之中。虽然日后随着意识形态的变迁，这些不同词汇的重要性或其所处位置不一样，但毫无疑问的是，它们基于共同的思想根源。它是反传统的思想支柱，同样也是现代庄学所运用的评判原则。只是由于庄子的思想特质，其所呈现的形象与儒家很不一样。一般的读者也许会好奇：处于传统边缘甚至异端位置的庄子，其新的时代形象，会来个大逆转吗？

2．时代形象

一开始，庄子研究的确出现顺应时代情势的新面貌。新形象的设计师，是真正大师级的学者与思想家章太炎，代表作是《齐物论释》。虽然该书成于20世纪，《新青年》创立之前，但它的核心范畴——平等，无疑与影响新文化的启蒙观念相关。《齐物论释》序曰："齐物者，一往平等之谈。详其实义，非独等视有情，无所优劣，盖离言说

---

[6] 陈独秀:《独秀文存》，第8—9页。

相,离名字相,离心缘相,毕竟平等,乃合齐物之义。"[7]表面上看,太炎思想借重佛学,但比较此前儒家立场的启蒙读物如谭嗣同的《仁学》可知,谭氏把仁学解成"平等学",同样也是庄学、佛学混说。可以说,平等是组织在启蒙旋律中的重要音符。[8]但章太炎的表述理路更为幽玄,所以引来大家的连番喝彩。梁启超说:"炳麟用佛学解老、庄,极有理致,所著《齐物论释》,虽间有牵合处,然确能为研究'庄子哲学'者开一新国土。"[9]胡适说:"《原名》、《明见》、《齐物论释》三篇,更是空前的著作。"[10]

当然,太炎对平等的追求,并不止于西式的启蒙观念。在他的心目中,文明与野蛮之分,或者进步与落后之别,同样与庄子的平等义不相容:"原夫《齐物》之用,将以内存寂照,外利有情,世情不齐,文野异尚,亦各安其贯利,无所慕往,飨海鸟以大牢,乐斥晏以钟鼓,适令颠连取毙,斯亦众情之所恒知。""然志存兼并者,外辞蚕食之名,而方寄言高义,若云使彼野人,获与文化,斯则文野不齐之见,为桀跖之嚆矢明矣。""故应物之论,以齐文野为究极。"[11]不过,这种对启蒙的"启蒙",在启蒙时期,并没有太多的回响。

与启蒙相应的另一面,是"科学"注庄的方式。正如新近的研究者指出的,"《齐物论释》中,章太炎引用了许多西方近代的自然科学知识,但多用相对主义的视野去理解,这也是他不同于前人的地方。生物进化学说、细胞学说、天体演化学说、基本粒子研究方面的最新

---

[7] 章太炎:《齐物论释》,《章太炎学术论著》,第269页。
[8] 石井刚教授对章太炎的庄学与启蒙的关系,有独到的关注。参见其《敢问"天籁":中文哲学论集》中《庄子·齐物论》的清学阅读:反思启蒙的别样径路"一章的讨论,东京:朝日出版社,2013年,第121—145页。
[9] 梁启超:《清代学术概论》,上海:上海古籍出版社,2005年,第80页。
[10] 胡适:《中国哲学史大纲》卷上,姜义华主编:《胡适学术文集·中国哲学史》上册,北京:中华书局,1991年,第27页。
[11] 章太炎:《齐物论释》,《章太炎学术论著》,第309、310页。

成就,《齐物论释》中都有不同程度的涉及"。[12]这也同有意援西入中的康有为、谭嗣同满纸声光电化一个样。新文化运动的健将胡适,虽然对齐物论的思想很排斥,但他也讲科学,居然在《庄子》中发现了进化论的思想:《寓言》中"'万物皆种也,以不同形相禅'这句话总括一部达尔文的《物种由来》(*Origin of Species*)"。[13]他评《至乐》:"仔细看来,这一段竟可作一篇'人种由来'(*Descent of Man*)读。你看他把一切生物都排成一部族谱:从极下等的微生物('鳖'即古文绝字,像断丝,故知为微生物之一类也),到最高等的'人',一步一步地进化。这种议论与近世的生物进化论相同,正不用我们穿凿附会。"[14]胡适特重进化论,是因为达尔文学说挑战神造万物的观念,在西方造成广泛的影响。

冯友兰论庄子也带欣赏的态度,且也借助西学的观念。《中国哲学史》论庄章节的标题,就有"变之哲学""何为幸福""自由与平等""纯粹经验之世界""绝对之逍遥"等等。其中,关于自由的说法是:

> 庄学中之社会政治哲学,主张绝对的自由,盖惟人皆有绝对的自由,乃可皆顺其自然之性而得其幸福也。主张绝对的自由者,必主张绝对的平等,盖若承认人与人、物与物间,有若何彼善于此,或此善于彼者,则善者应改造不善者使归于善,而即亦不能主张凡物皆应有绝对的自由矣。庄学以为人与物皆应有绝对的自由,故亦以为凡天下之物,皆无不好,凡天下之意见,皆无不对。此庄学与佛学根本不同之处。盖佛学以为凡天下之物皆不好,凡

---

[12] 朱义禄:《章太炎和他的〈齐物论释〉》,胡道静主编:《十家论庄》,上海:上海人民出版社,2004年,第491页。
[13] 胡适:《庄子的进化论》,《胡适学术文集·中国哲学史》上册,第582页。
[14] 同上书,第583页。

天下之意见皆不对也。[15]

冯氏论庄,对自由与平等关系及庄、佛不同之理解,似乎是接着太炎的话头来的。不过,他的哲学诠释,更倾向于西方哲学。例如,对庄子关于"知无"的观念的理解:"在纯粹经验中,个体即可与宇宙合一。所谓纯粹经验(Pure experience)即无知识之经验。在有纯粹经验之际,经验者,对于所经验,只觉得其是'如此'而不知其是'什么'。詹姆士谓纯粹经验即是经验之'票面价值'(Face value),即是纯粹所觉,不杂以名言分别,佛家所谓现量,似即是此。庄学所谓真人所有之经验即是此种。其所处之世界,亦即此种经验之世界也。"[16]

郭沫若的《十批判书》,辟有专章《庄子的批判》。他的特色是强调庄子的个性,并且是在同儒墨的对比中评价的:"自有庄子的出现,道家与儒、墨虽成为鼎立的形势,但是在思想本质上,道与儒是比较接近的。道家特别尊重个性,强调个人的自由到了狂放的地步,这和儒家个性发展的主张没有什么大了不起的冲突。墨家是抹杀个性的,可以说是处在另一个极端。"[17]"从大体上说来,在尊重个人的自由,否认神鬼的权威,主张君主的无为,服从性命的拴束,这些基本的思想立场上接近于儒家而把儒家超过了。在蔑视文化价值,强调生活的质朴,反对民智的开发,采取复古的步骤,这些基本的行动立场上接近于墨家而也把墨家超过了。"[18]郭氏是通过庄、颜一派的推测来界定庄子与儒家的关系的。他关于儒家主张个性的说法,不大可能得到当时主流意见的认同,但用个性来肯定庄子,无疑是纳入启蒙的思想范畴。

用平等、自由、科学、个性等观念读出来的庄子,与以辨道统或

---

[15] 冯友兰:《中国哲学史》上册,北京:中华书局,1961年,第288页。
[16] 同上书,第298—299页。
[17] 郭沫若:《十批判书》,北京:人民出版社,1954年,第178—179页。
[18] 同上书,第180页。

正道德为目标的传统庄学相比,自然大异其趣。不过,这只是庄子现代命运中比较风光的一面而已。启蒙视野中庄子的另一面,同样引人注目,甚至可能更耐人寻味。

3．反面典型

其实,现代庄子的反面形象,比正面形象给人印象更为深刻。而且,批评与赞扬相比,常常更显得理直气壮。焦点在于由《齐物论》引出的"齐是非"问题,它是庄子哲学的核心所在。胡适在侈谈庄子进化论的同时,就表达他对其厌恶的一面。他斥责齐是非的观点:"却不知道天下的是非得失全在高低半寸之间。人类的进化,全靠那些争这高低半寸的人。倘若人人都说'尧也未必是,桀也未必非',我们大家姑且当其时顺其俗罢了,何必费神多事呢?倘使人人都打这样的主意,天下还有革命吗?还有进步吗?"[19]

鲁迅也针对无是非的观点,在他的文章中,时不时拿庄子来开涮。"我们如果到《庄子》里去找词汇,大概又可以遇着两句宝贝的教训:'彼亦一是非,此亦一是非',记住了来作危急之际的护身符,似乎也不失为漂亮。……喜欢引用这种格言的人,那精神的相距之远,更甚于叭儿之与老聃,这里不必说它了。就是庄生自己,不也在《天下》篇里,历举了别人的缺失,以他的'无是非'轻了一切'有所是非'的言行吗?要不然,一部《庄子》,只要'今天天气哈哈哈……'七个字就写完了。"[20] 这种文学化的讽刺,有时比学理的分析更有影响。

当然也有对此进行哲学分析的,代表作是侯外庐等著的《中国思

---

[19] 胡适:《庄子的进化论》,《胡适学术文集·中国哲学史》上册,第586页。
[20] 鲁迅:《且介亭杂文二集·文人相轻》,《鲁迅全集》第6卷,北京:人民文学出版社,2005年,第308—309页。

想通史》。作者认为，齐是非的观点，会导致实践中互相矛盾的立场，即"一个是弃世的脱俗，一个是处世的顺俗"，而最终的结果，便是"处世的宿命论"：

> 为什么有这个矛盾呢？因为他把自然与自然的关系和人类与自然的关系视同一律，然他的主观理论上形式的统一，与事实上的不统一，是不能相容的。在这里，他很巧妙地以宿命论解决了这一裂痕，所谓"知其不可奈何而安之若命"，从逻辑上来讲，就是遁词。自然的"天"与社会的"俗"混而同之，于是四时之序和贵贱贫富之序相等，一切高下长短的自然和一切不平等的阶级，都是合理的，人类只要顺俗而生，就是"天"了。然而"与造物者游"的空想，事实上是没有的，而"与世俗处"的实际，却又并非理想的。故最主观的理想到了最后便成了最没有理想的主观了。庄子诡辩的道德论的秘密就在这里。应该指出，这一有毒素的思想影响了不少过去中国的唯心主义者。[21]

侯著是革命意识形态未占领统治地位之前，一种系统的马克思主义思想史观点。它不但同样拒斥不利于革命的宿命论，同时，还把胡适或冯友兰谓之神秘主义的东西，称作"唯心主义"——这是日后给所有不符合新意识形态要求的哲学观设计的黑标签。关锋便是顺着这一套路，把批判庄子的立场推到极端，把虚无主义、阿Q精神、滑头主义、悲观主义等等，都安到庄子主观唯心主义头上。他发明了对庄子哲学的解读公式"有待—无己—无待"，并由此推出其主观唯心主义的归属。关锋说："庄子哲学毒性最烈的，就在于使人醉生梦死、精神堕落，特别是它被裹上了一层糖衣。庄子不是一般地提倡醉生梦死、

---

[21] 侯外庐等：《中国思想通史》第一卷，北京：人民出版社，1957年，第327页。

精神堕落,而是有一套'理论'。有了一套'理论',就可以自欺欺人。……所以有'理论'的醉生梦死、精神堕落,就更加反动。"[22]他较有创造性的说法,是把"精神胜利法"的发明权归于庄子:

> "精神胜利法"即起源于庄子,而为历代反动阶级、堕落的政客、文人所继承。如果说阿Q是一个落后的、不觉悟的并带有流氓气的农民的典型,那末"精神胜利法"却不是这个阶级本身固有的意识,更不是什么"国民性",它是反动没落阶级的精神状态,阿Q其人不过被传染了这样一些东西。[23]

把庄子说得如此不堪,在庄学史上是很少见的。原因在于,关锋口中说的是庄子,心里想的是现实的意识形态敌人:"我解剖和批判庄子哲学,目的是为了现实的战斗,为了和虚无主义、悲观主义形态的资产阶级个人主义战斗。"[24]与其他反庄的前辈比,关锋更强调阶级的立场。

羞辱庄子几乎成为20世纪50年代以后、80年代之前庄学的主调。虽然任继愈极力为庄子"脱罪",但成效不大。他利用《庄子》文本包含的不同思想倾向,通过颠倒《庄子》内、外篇作者的归属,认为外篇才是庄子本人所作,而内篇反而不是,从而达成为庄子辩护的途径。但是,这一说法证据勉强,且论庄的思想框架与关锋也无实质区别,同样讲唯物、唯心,讲阶级,讲斗争,因而无力颠覆已经高度意识形态化的庄子形象。所以,任也承认:"像儒、墨学派的人生态度,虽然也有他们的偏见,但他们可以为了他们的理想牺牲性命,他们能产生

---

[22] 关锋:《庄子哲学批判》,收入《哲学研究》编辑部编:《庄子哲学讨论集》,第20—21页。
[23] 同上书,第24页。
[24] 同上书,第31页。

可歌可泣的悲剧性的殉道者,庄子这一派道家思想是不能有殉道者的。中国历史上有不少的思想家,他们尽管对不合理的社会有所不满,但他们不敢进行斗争。这些人往往是采取了庄子思想中的消极态度。"[25]

只是到了 80 年代,在意识形态有所松动的状况下,庄学的调子才开始改变,来自台湾的陈鼓应起了号手的作用。新的关键词还是"自由":

> 庄子哲学中的"游"是非常特殊的。他大量使用"游"这一概念,用"游"来表达精神的自由活动。庄子认为,要求得精神自由,一方面,人要培养"隔离的智慧",使精神从现实的种种束缚下提升出来;另一方面,要培养一个开放的心灵,使人从封闭的心灵中超拔出来,从自我中心的格局中超拔出来。[26]

陈鼓应甚至断定,"五四运动以来,我们中国的思想家,如陈独秀、鲁迅、李大钊,都不同程度地受到了尼采和庄子的影响,特别是在个性解放和精神自由方面"。[27]这意味着,一个重新评估庄子甚至反思庄学的时代已经来临。

4. 从庄学看启蒙

表面上看,现代庄子形象经历了前后两个阶段的变化。一个是前

---

[25] 任继愈:《庄子的唯物主义世界观》,《新建设》1957 年第 1 期,后收入《庄子哲学讨论集》,第 162 页。
[26] 陈鼓应:《庄子的悲剧意识和自由精神》,《老庄新论》修订版,台北:五南图书出版股份有限公司,2006 年,第 317—318 页。
[27] 陈鼓应:《尼采哲学与庄子哲学的比较研究》,《悲剧哲学家尼采》,北京:生活·读书·新知三联书店,1987 年,第 236 页。

期与新文化思潮关系更密切、更具正面意义的庄子；另一个是后期特别是"文革"前后呈现的，只是反面教材的庄子。而庄子同孔子等儒家人物一样被羞辱的时代，也是我们的政治生活和精神生活高度封闭、压抑的时代。这种区别很容易让人觉得，从革命意识形态中把庄子再"解放"出来，同回到新文化运动的启蒙理想，是可以合二而一的事情。但问题没有那么简单。

重读当年的批判文章，可以找到两个指控庄子的基本概念：相对主义与唯心主义。与这两种指控相联系的，当是《齐物论》和《逍遥游》的观点。《齐物论》因齐是非而由相对主义滑向无是非，混世随俗；而《逍遥游》则无视客观世界的规定性，回避现实，是主观唯心主义，并且是一种精神胜利法。作为批判出发点的观念，则是科学真理、唯物主义、阶级斗争等等。而这些观念，几乎都可以追溯到新文化运动体现的启蒙价值上。在前面所列一组大词中，自由、人权、平等、阶级、斗争、解放、科学、理性、进步等等，几乎就是一个世纪以来取代传统的仁义礼智或天理人欲而流行的主流价值观念。革命意识形态在其变动中对这些价值可能有所筛选或重新排序，如自由、人权的地位后来下降了，这使得庄子在启蒙期的好时光变得短暂；又如阶级与斗争的重要性上升了，因此庄子刚好撞到枪口上。这部分解释了现代庄子形象的变迁。然而，有几个重要的观念，科学、理性与进步，却是百年来几乎没有争议的。这几个重大概念对现代意识形态的支撑关系，需要进一步分析。

科学是最没有争议的。从康、谭、章满纸声光电化，到严复对西方科学及其思想的译介，再到新文化运动科学与人权（或民主）的口号；从科学与人生观论战中科学派的得势，再到以科学的名义对意识形态的支配，科学扮演启蒙最重要的角色，在中国现代史上可以说一路高歌。而现代中国人对科学的理解，首先是与技术的效能相联系。在一个物质贫乏的年代，拥抱科学意味着追求富强，意味着现代化的展开，其正当性几乎无须证明。而科学与客观知识、物质利益的联系，又恰好成了唯物主义哲学宣传的依据。在科学与人生观论战中，科学派就有人把科学与物质文明及人生观与精神文明对位联结起来。这种思想逻辑演化出来的唯物主义对唯心主义的斗争，就容易把一切重视精神生活意义的思想，都当成虚妄无用的观念加以抛弃。在科学派为说明科学如何支配人生观挖空心思而未能服人之际，陈独秀就声称唯物史观就是能够说明社会与人生问题的科学。对照前引伯林对启蒙运动精神的概述，陈独秀的这份信心，其实就是理性的自信。在这副启蒙的照妖镜里，任何怀疑主义、相对主义以及逃避主义，自然都会"原形毕露"。

庄子哲学的核心"齐是非"，在《齐物论》中有一连串的论述。其要点是指诸子尤其是儒墨的文化或政治立场，即那种今天可以称之为"主义"的问题没有是非。依其观点，定是非的困难在于对立的各方之间没有或不愿意接受公共评判标准，同时又不能以自己的标准作为标准。尽管有人会根据《人间世》中支离疏的行径，指责其混世的人生导向，或者从逻辑上指出无是非观点因自相矛盾而不能成立。但是，庄子不是在任何层面的问题上强调无是非，他对权势者不合作与拒绝的立场非常清楚。今日各种宗教以及意识形态斗争的现象，表明庄子的假设更合乎事实。任何一种以抽象信念为出发点的"原教旨主张"，都会造成冲突的激化而非是非的解决。

与齐是非相联系的另一个重要观点，是庄子向我们指出，什么是美好的生活没有公认的标准。与孟子不同，他强调独乐，不讲共乐。其不讲共乐的动机不是见不得别人幸福，而是每个人可以各乐其乐，但不要把自己的愿望、标准强加于人，从而也不能设计自以为让每个人都能幸福的社会秩序。他怀疑儒家的仁义礼乐，就是怀疑这种制度设计不合乎人类参差不齐的自然天性，它可能在实践中起反作用。当然，人类对什么是不幸福的生活比什么是幸福的生活，也许看法更趋一致。因此，社会制度的改善，作用就在于减少导致人们公认的不幸的条件，而非依某种普世价值法则，设计人们过什么样的幸福生活。

庄子这两种观点，在现代庄学中都没得到应有的回应。它与斗争哲学、进步主义及科学的人生观格格不入。关锋式的批判当然是革命意识形态的一种表述，社会主义不但是斗争来的，而且要给每个人规划有意义的生活。虽然这种理论受其革命胜利者的身份影响，但思想来源与启蒙思潮相关。其要点是相信自己（有知识者或进步阶级）具有掌握真理的能力，相信依某种科学的思想方式，就能发现、规划让每个人行为统一的整齐的社会秩序，如人民公社、五七干校之类的生活模式。同时，要清除那些落后的、非科学的或者无用的观念，给健康的精神生活规定方向。所以对庄子式的思想表现得特别地不宽容。

如果我们把儒、庄与中国现代启蒙的关系做一个简单的对比，就会发现：虽然启蒙以儒家维护的纲常伦理为根据，批评其缺乏平等，抹杀个性。但启蒙与儒家一样，试图设计一套普遍有效的生活规则，只是内容有所不同。因此，当庄子对儒家的社会建制思想持拒斥态度时，它与启蒙的理想同样处于对立的立场。启蒙的平等与解放要通过斗争并最终由新的制度设置来保障，庄子则会认为，任何制度设计都是对个性的限制，而斗争的结果不过就是用一种限制代替另一种限制而已。庄子有超脱于物质生活之上的精神向往。启蒙越追求以科学化的方式控制社会，就越落入庄子所指斥的境地。这就是为什么启蒙从最初欣赏庄子，最终演化为不能容忍庄子的简明思想史逻辑。

本章针对的不是庄子而是庄学。其实，不论是褒是贬，现代庄学所依托的信念都与启蒙有关，不管自由、平等，还是科学、斗争（革命）。但庄子形象前后反差极大，还意味着启蒙虽有某些共同的倾向，但不是一个完整的思想系统，即不是从一个前提推演出来的诸观念的集合。这些可以称作启蒙的观念必须在广泛的社会生活实践中协调起作用，而非按理性序列可自动实施。因此，每种价值的作用都有自己的限制，它们本身是需要被反思的。庄子思想可以被压制，但不会被消解。你很难把它归结为现代的什么"主义"。20世纪90年代以后，庄子又逐渐作为正面形象出现在学术或相关文化读物中，就是它思想不屈的证明。庄子哲学一直作为文明的批判者的角色而存在，其避世逍遥的主张也许对人类社会生活没有普遍的吸引力，但它提出的问题，特别是对理性作用的质疑，对启蒙的推动者来说，也是重要的思想考题。

[原载《中山大学学报》(社会科学版)，2016年第2期]